# 人力资源管理与实践探索

斯琴 马静 李爱霞 ◎著

中国商务出版社
·北京·

## 图书在版编目（CIP）数据

人力资源管理与实践探索 / 斯琴，马静，李爱霞著
. -- 北京：中国商务出版社，2023.12
ISBN 978-7-5103-5101-3

Ⅰ. ①人… Ⅱ. ①斯… ②马… ③李… Ⅲ. ①人力资源管理－研究 Ⅳ. ①F243

中国国家版本馆CIP数据核字(2024)第023873号

### 人力资源管理与实践探索

RENLI ZIYUAN GUANLI YU SHIJIAN TANSUO

斯琴　马静　李爱霞　著

| | |
|---|---|
| 出版发行： | 中国商务出版社有限公司 |
| 地　　址： | 北京市东城区安定门外大街东后巷28号　邮编：100710 |
| 网　　址： | http://www.cctpress.com |
| 联系电话： | 010-64515150（发行部）　010-64212247（总编室） |
| | 010-64283818（事业部）　010-64248236（印制部） |
| 责任编辑： | 刘姝辰 |
| 印　　刷： | 北京四海锦诚印刷技术有限公司 |
| 开　　本： | 787毫米×1092毫米　1/16 |
| 印　　张： | 12.5　　字　　数：258千字 |
| 版　　次： | 2023年12月第1版　印　次：2023年12月第1次印刷 |
| 书　　号： | ISBN 978-7-5103-5101-3 |
| 定　　价： | 64.00元 |

凡所购本版图书如有印装质量问题，请与本社印制部联系
**版权所有　翻印必究**（盗版侵权举报请与本社总编室联系）

# 前 言

随着知识经济社会的到来，企业之间的竞争变成了人才的竞争。谁能够获取优秀的人才，并能够合理地对现有人才进行开发和使用，谁就能够在激烈的竞争中获得胜利。人力资源管理就是根据企业发展战略的要求，有计划地对企业中的员工进行合理配置由此，人力资源管理水平成为企业竞争的核心，加强人力资源管理的研究也成为当前非常重要的课题。人力资源管理决定着一个公司的人才质量，这必然会促进一个单位的快速发展。然而，目前很多单位在人力资源管理方面仍然存在一些问题，这就需要树立以人为本的人力资源管理理念，加强人力资源部门的职能，并建设一支强大团结的基本队伍来解决出现的问题。

人力资源管理并不是一个新概念，对于人力资源管理来说，随着经济社会的不断发展，一方面，要对其有一个较为透彻的理解；另一方面，人力资源的管理理论和实际应用需要不断更新。因此，我们需要与时俱进，促进人力资源管理的不断完善和发展。

本书是人力资源管理方向的书籍，主要研究人力资源管理与实践。本书从人力资源管理的基础理论入手，针对人力资源规划与招聘、员工培训开发与职业生涯规划进行了分析研究；另外，对薪酬管理、绩效管理做了一定的介绍；还剖析了人力资源劳动关系与社会保障管理及实践，人力资源管理信息化的人才与系统建设等内容。本书内容准确，结构合理，条理清晰，对人力资源管理做了全面的讲解，希望可以为专业从事人力资源管理工作的人员提供参考。由于笔者水平有限，书中有一些内容还有待进一步深入研究和论证，在此恳切地希望各位同行专家和读者朋友予以斧正。

作 者

2023 年 9 月

# 目 录

第一章　人力资源管理的基础理论 …………………………………… 1

　　第一节　人力资源管理概述 ………………………………………… 1
　　第二节　新型人力资源管理者 ……………………………………… 11

第二章　人力资源规划与招聘 ………………………………………… 15

　　第一节　人力资源规划 ……………………………………………… 15
　　第二节　人力资源招聘 ……………………………………………… 30

第三章　员工培训开发与职业生涯规划 ……………………………… 48

　　第一节　员工培训与开发 …………………………………………… 48
　　第二节　职业生涯规划与管理 ……………………………………… 62

第四章　薪酬管理 ……………………………………………………… 74

　　第一节　薪酬管理概述 ……………………………………………… 74
　　第二节　薪酬设计与激励薪酬 ……………………………………… 82
　　第三节　员工福利 …………………………………………………… 90

第五章　绩效管理 ……………………………………………………… 97

　　第一节　绩效管理概述 ……………………………………………… 97
　　第二节　绩效考评 …………………………………………………… 106
　　第三节　关键业绩指标体系的建立和选择 ………………………… 115
　　第四节　考核面谈、反馈与改进 …………………………………… 121

## 第六章　人力资源劳动关系与社会保障管理及实践 …………………… 127

### 第一节　人力资源劳动关系管理及实践 ………………………… 127
### 第二节　人力资源社会保障管理及实践 ………………………… 143

## 第七章　人力资源管理信息化的人才与系统建设 …………………… 153

### 第一节　人力资源管理的信息开发与人才队伍建设 …………… 153
### 第二节　人力资源管理信息化系统的功能解析 ………………… 170
### 第三节　人力资源管理信息系统的开发与建立 ………………… 176
### 第四节　人力资源管理信息系统的应用效果与风险控制 ……… 185

## 参考文献 …………………………………………………………………… 190

# 第一章 人力资源管理的基础理论

## 第一节 人力资源管理概述

### 一、人力资源管理的定义与意义

#### （一）什么是人力资源管理

人力资源管理的本质就是一个组织的系统管理，管理者在角色分工中承担管理他人共同完成目标的工作。人力资源管理一般包括以下五项职能：计划、组织、人事、领导和控制。以上就是一个完整的管理过程。每项管理职能所包含的具体管理活动如下：

计划职能：在开始工作前设定目标和标准，制定规则和程序，做好规划和预测等。

组织职能：为每个下属安排具体任务，设立部门，建立动力链和沟通渠道，授权下属，协调下属的工作等。

人事职能：决定应该雇用什么样的员工，招聘和培训员工，设定绩效标准，评估员工的业绩，向员工提供建议，确定和发放员工工资等。

领导职能：激励他人完成工作，激励下属等。

控制职能：设定销售、质量水平或输出标准，对照这些标准考核员工的实际工作表现，必要时采取纠正措施等。

以下主题可以帮助我们更快地掌握人力资源管理的基本概念和技术，从而更好地完成与人力资源相关的工作。这些主题主要有：

①对每个员工进行职位分析，确定员工的职责与工作性质。

②预测组织的劳动力需求并招聘员工。

③选择求职者。

④新员工的入职培训与学习。

⑤支付工资报酬。

⑥确定员工的奖金与其他福利。

⑦评估工作绩效。

⑧与员工交流，包括访谈、奖惩等。

⑨管理人员技能提升。

⑩培养员工的组织能力。

管理者还需要了解以下内容：

①公平的就业机会和积极的反歧视行为。

②员工健康和安全问题。

③处理劳动争议和劳动关系。

## （二）人力资源管理的重要性

为什么对企业管理者而言，人力资源管理是如此重要呢？这个问题的答案可以从企业管理中遇到的一些困难中找到。例如，管理者很可能不想看到以下情况的发生：

①雇用不称职的人担任某一职位。

②企业内员工流动率很高。

③员工无法把工作做好。

④在面试环节花费太多的时间和精力。

⑤因歧视性做法，公司被诉诸法庭。

⑥企业内部的一些不安全操作违反了职业安全规定。

⑦薪酬待遇不公平。

⑧员工培训不足，影响部门的工作效率。

⑨不公正的劳资关系。

一个管理者需要有清晰的头脑，对目标有自己的整体规划，如：制订一个合理的计划、画一个清晰的组织架构图、使用复杂的财务控制方法等，但仍有可能因雇用不合适的员工或未能激励员工而导致失败。有的管理者之所以能够成功，正是因为他们掌握了雇用合适的人来承担特定工作，以及激励员工、评估员工技能的方法。

正如一位公司总裁所总结的：长期以来，人们都认为资本是一个正在成长的行业所面临的发展瓶颈。目前来看，这种说法已经落后了，真正的瓶颈不是资本，而是公司内部的所有员工，以及公司在招聘和留住优秀人才方面的经验不足。

在一个企业中，一个重大项目半途而废的原因，往往不是资金短缺。现实情况是：某一行业无法始终保持旺盛的生命力和良好的发展态势，或受到挫折而停滞，原因恰恰是企业内没有一支高效热情的员工队伍。

### 1. 直线管理和职能管理中的人力资源管理

从一定程度上来说，所有的管理者都是人力资源管理者，管理者需要参与人力资源的各项决策，如招聘、面试、选拔、培训等。那么，人力资源经理及其下属员工所承担的人力资源管理职责，与"直线"管理者所承担的人力资源管理职责之间是一种怎样的关系呢？先来了解一下直线权力和职能权力的简要定义，再来回答这个问题。

权力指做出决定、指导他人工作和发布命令的行为。在管理学中，通常把直线权力和功能权力分开。直线权力赋予经理向其他经理或员工发布命令的权力，主要体现的是上下级关系。职能权力赋予管理者向其他管理者或员工提出建议的权力，主要体现的是交流与沟通。直线管理人员拥有直线权力，而职能管理人员拥有职能权力。在日常的工作环境中，要将这两种权力分开来看，后者通常不能通过命令链从上到下直接发布命令（除了在自己的部门）。

通常情况下，管理者一般指直线管理人员，他们负责管理那些对于组织的生存来说至关重要的工作，如销售或生产；职能管理人员则通常管理那些属于咨询性或支持性部门的工作，如采购、人力资源管理和质量控制等。如果职能部门确实纯粹属于咨询性的，那么上述这种区分就是有道理的。

然而，决定一位管理者属于直线管理人员还是职能管理人员的，并不是这位管理者所管理的部门的类型或名称，而是工作关系的性质。直线管理人员能够发布命令，职能管理人员可以提供建议。人力资源经理通常是职能管理人员，与直线管理者不同，他们负责向直线管理者提供招聘、雇用和薪酬方面的协助和建议，但是并不直接参与其他部门具体事务的管理。

### 2. 直线管理人员的人力资源管理职责

在每位直线管理人员——上到公司总裁，下到一线管理人员——的职责中，直接处理与人有关的问题，始终是其整体管理职责中一个不可或缺的组成部分。

例如，某大公司将其直线管理人员有效管理人力资源的职责总结如下：

把适当的人配置到适合的职位上；帮助新员工适应工作环境；对员工进行培训；适当调整员工绩效；互相合作，创造良好的工作环境；对公司政策进行梳理；控制成本；挖掘员工潜力；鼓励员工；关注员工的健康和身体状况。

在一些小型企业中，直线管理人员可能在没有人协助的情况下承担上述所有人力资源的管理职责。随着企业规模的扩大，这些直线管理人员需要得到独立的人力资源管理职能人员所提供的帮助、相关的专业知识及建议。人力资源管理部门能够提供这种专业化的服务，也有义务提供这种服务。

3. 职能管理人员的人力资源管理职责

在提供专业化帮助的过程中，人力资源管理者主要履行以下三种职能：

（1）直线职能。人力资源管理者需要指导本部门员工和其他相关部门的员工开展工作活动。

（2）协调职能。人力资源管理者需要协调各种人力资源管理活动，这是管理者的义务，通常被称为职能权力或职能控制。这就意味着人力资源管理者要确保其他直线管理人员能够在理解公司章程的基础上，贯彻企业的人力资源管理政策和做法。

（3）人员（协助和咨询）职能。对于人力资源管理者来说，有必要也有义务去协助直线管理者的工作，为其提供建议。因为其他管理者并不能完全具备人力管理的能力，他们需要指导和帮助。人力资源管理者应该向直线管理人员提供建议，以便他们更好地了解公司战略对于员工的影响。人力资源管理者需要协助部门经理完成员工的聘用、培训、考核、咨询、晋升、辞退等工作，一般工作人员的需求由直线管理者提出，人力资源管理者只须根据要求来安排人员即可。人力资源管理者负责制订各种福利计划（如健康和意外保险计划、养老金计划、假期计划等）及员工的奖金核定，协助部门经理根据相关法规对员工进行合理约束，并协助有关部门处理劳资纠纷和劳动关系。此外，人力资源管理者和人力资源部门也发挥着管理方法和手段开拓者的作用。他们需要向直线经理提供人员发展趋势的最新信息，从而更好地挖掘员工的潜力。人力资源管理者和人力资源部门还应发挥员工的主导作用，即在高层管理者中保护员工的基本利益并对其他管理者进行合理约束。虽然人力资源管理者通常不能在部门之外行使直接权力，但可以行使一种隐性权力，对组织的整体环境和氛围进行维护和改善。

人力资源部门中一些岗位的具体职责如下：

招聘专员：搜寻合格的求职者。

公平就业机会协调员：调查企业内关于公平就业的问题并给出解决方案，检查企业是否存在违反法律的行为，向政府提供企业关于公平就业的报告。

职位分析专员：收集并核查相关职位的详细信息，为编写职位描述做好准备。

薪酬经理：制订薪酬计划并处理员工福利方面的事务。

培训专员：规划、组织和指导培训活动的开展。

劳资关系专员：就与劳资关系有关的所有事务向管理层提供建议。

4. 组织人力资源的新方法

一些组织希望找到新的方法来提供人力资源服务。例如，一些企业将自己的人力资源服务分为四个方面的内容：交易型人力资源服务、公司型人力资源服务、嵌入型人力资源服务及专家中心。

交易型人力资源服务的工作重点是借助集中化的呼叫中心及与外部供应商（如员工福利顾问）之间形成的外包安排，在一些日常性、事务性人力资源管理活动（如更改福利计划和提供新的评估表格）中为公司的员工提供专业支持。

公司型人力资源服务的工作重点是在制订公司长期战略规划等重要问题上，为公司的高层管理团队提供帮助。

嵌入型人力资源服务是将人力资源管理的多面手（关系经理、人力资源业务伙伴）安排到诸如销售和生产等部门中，从而为这些部门提供它们需要的并与部门实际紧密结合的人力资源管理支持。

专家中心像企业内部的一个专业化的人力资源管理咨询公司，可以在组织变革等领域为组织提供一些专业化支持。

5. 直线部门和人力资源部门在人力资源管理方面的合作

既然直线管理人员和人力资源管理人员都在人力资源管理方面负有一定的责任，那么就出现了问题：双方在人力资源管理方面各须承担哪些责任？其实并没有哪一种方法同时适用于直线管理人员和人力资源管理人员在所有组织内的职责划分，这里只做一个简单的总结。

最具概括性的一个结论就是：直线管理人员和人力资源管理人员之间的关系通常是合作性的。例如，在招聘员工方面，通常先由直线管理人员确定填补某些特定职位空缺的人所须具备的任职资格与条件，然后由人力资源管理人员完成下面的工作：他们通过一定的渠道为组织获得一批合格的求职者，然后对求职者进行初步的甄选面试。此外，他们还要负责对求职者进行适当的测试，然后将最好的求职者推荐给直线管理人员，让他们对这些候选人进行面试，并从中挑选出哪些人是他们最终想要录用的。在培训方面，同样是由直线管理人员先描述出他们对自己的员工所能够完成的工作的期望，然后由人力资源管理团队来设计一个培训方案，而这个培训方案通常会交给直线管理人员去负责实施。

有些人力资源管理活动是由人力资源部门单独完成的。例如，有的企业将雇用员工之前的测试工作交由人力资源部门全权负责，有的企业把到大学招募员工的工作完全交给人力资源部门完成，有的企业由人力资源部门全部承担员工的保险、福利管理工作。不过，通常情况下，企业还是会要求人力资源管理人员和直线管理人员共同负责大部分人力资源管理活动，如面试、绩效评价、技能培训、职位描述及纪律惩处等。

人力资源管理是所有企业管理中不可或缺的重要成分之一，即使是企业高层管理人员,包括主管、总裁或任何一个生产经理,他们的工作都是通过人来实现工作目标的。

## (三) 人力资源管理的衡量指标与标杆管理

战略人力资源管理的意义在于确定相应的人力资源管理政策和做法,用人员管理的相关知识理论帮助公司获得实现战略目标所需的员工的胜任力。在这个过程中,如何衡量结果是至关重要的。一个目标的设定需要有相应的衡量标准与之配合,其中可能包括每个员工的培训时间、生产力和客户满意度。

1. 人力资源管理衡量指标的类型

人力资源管理者会有很多方面的指标。例如,在一个拥有100~249名员工的公司里,每100名员工中就有1人从事人力资源管理工作。在拥有1000~2499名员工的公司中,人力资源管理者占员工总数的比例约为0.79。在员工超过7500人的公司中,这一比例降至0.72。此外,其他的人力资源管理指标包括员工的任职年限、人均雇佣成本、年度总流动率等。

人力资源管理协会出台了人力资源的衡量指标,共分为组织数据、人力资源部门数据、人力资源管理费用数据、薪酬数据、学费或教育费用数据、雇佣数据、收入和组织雇佣预期数据、实现更高盈利水平组织的衡量指标等八项内容,具体如下:

(1) 组织数据:①收入;②全职员工人均收入;③税前净收入;④全职员工人均税前净收入;⑤组织继任计划中包含的职位。

(2) 人力资源部门数据:①人力资源部门员工总人数;②人力资源部门员工占员工总人数的百分比;③主要从事监督管理工作的人力资源部门员工所占百分比;④主要从事专业或技术工作的人力资源部门员工所占百分比;⑤主要从事行政支持工作的人力资源部门员工所占百分比;⑥人力资源部门负责人汇报工作的结构;⑦组织在本年度预期雇用的人力资源管理职位的类型。

(3) 人力资源管理费用数据:①人力资源管理费用;②人力资源管理费用占运营费用的百分比;③人力资源管理费用占全职员工总费用的百分比。

(4) 薪酬数据:①年度加薪水平;②固定薪资占运营费用的百分比;③非高层管理人员的目标奖金;④高层管理人员的目标奖金。

(5) 学费或教育费用数据:①每年允许用于学费或教育费用报销的最高额度;②参与学费或教育费用报销项目的员工所占百分比。

(6) 雇佣数据:①职位空缺数量;②职位空缺所用时间;③人均雇佣成本;④员工留任年限;⑤年度总离职率;⑥年度自愿离职率;⑦年度非自愿离职率。

（7）收入和组织雇佣预期数据：①与上一年相比，本年度的组织收入预期变化百分比；②与上一年相比，本年度的组织雇佣人数预期变化百分比。

（8）实现更高盈利水平组织的衡量指标：①人力资源部门员工总人数；②人力资源部门员工占总人数的百分比；③人力资源管理费用；④人力资源管理费用占运营费用的百分比；⑤人力资源管理费用占全职员工总费用的百分比；⑥年度加薪水平；⑦非高层管理人员的目标奖金。

衡量指标为什么如此重要呢？如今，大部分企业都在人力资源管理方面投入大量资金用于招聘人才，却没有认真思考究竟哪种招聘方式才是最有效、最可能获得优秀员工的。一个合理的解决方案是，用衡量指标来对招聘有效性进行评估。衡量指标包括新员工的质量，以及帮助企业获得最优秀新员工的招聘来源等。跟踪和分析这类数据的一种方式是运用计算机化的求职者跟踪系统软件（ATS）。求职者跟踪系统软件对招聘有效性进行分析，包含下述两个基本步骤：

第一步，企业及供应商需要确定如何衡量新员工的绩效。例如，招聘经理需要在每个新员工入职后的第一个90天结束时对其做出评价，并且需要用1~5的5个等级来将评价结果输入系统。

第二步，企业可以运用求职者跟踪系统对能提供优秀求职者的招聘来源进行追踪。例如，求职者追踪结果可能显示出：与那些通过在网站上刊登的广告招聘的员工相比，通过公司内部员工推荐招聘的新员工留在公司工作的年限更长，工作绩效也更好。大多数求职者跟踪系统都能帮助企业的招聘经理在电脑上对类似的雇佣指标进行跟踪。又如，路透社就安装了一套求职者跟踪系统，用来确定招聘来源、求职者的特征，以及公司在每个经营地区中的最佳招聘实践。该系统通过将招聘资金转移到更有效的招聘渠道，帮助路透社降低了招聘成本。

2. 标杆管理与需求分析

在进行变更之前，不仅要对本企业进行衡量分析，还要在横向上与其他企业进行衡量比较，也可以与更优秀的公司进行比较学习，分析其他公司的优势。人力资源管理协会提供的衡量指标与其他企业进行对应的比较，不仅可以获得同行业中其他公司比较全面的数据，还可以与本企业规模相等的其他企业进行数据对比。

3. 战略及基于战略的衡量指标

标杆管理只是让人们了解公司的人力资源管理系统是如何工作的，仅仅提供了一个比较问题的视角，显示了公司的人力资源管理体系与其竞争对手的比较情况。然而，标杆管理不能说明公司的人力资源管理实践在多大程度上支持公司的战略目标。换句话说，其并不能提供数据支持。

管理者可以使用基于战略的衡量指标来解决这些问题。基于战略的衡量指标侧重度量有助于实现公司战略目标的活动。其主要是以100%的员工测试、80%的客户流动率、薪酬占总薪酬的比例、销售额增长50%等为衡量标准。不同方面的考核对企业来讲是全方位的战略分析，如果企业的人力资源管理实践发生变化，如：增加培训、提供更好的激励，以达到预期的效果，那么客户回报率、客户声誉等战略指标的价值也应该上升。

数据挖掘技术可以帮助管理者确认数据之间的相关性，主要是利用这一技术来改进员工选拔等方面的人力资源管理实践。数据挖掘的意义是发掘更深层次的关系网络，管理者运用基于数据挖掘技术开展的人才分析来发现其中的规律，并且做出预测。

像人均雇佣成本这样的数据很有用处，但是其在转化为信息之前没太大用处，然而，如果以另一种形式来展示这一数据，从而看到这一成本正处于上升趋势还是下降趋势，以及本公司的这种成本与竞争对手相比较的情况，它就能为公司提供用于实际决策的信息。

管理者可以运用很多专门的员工队伍或人才分析软件工具，将员工数据转化为有针对性地采取行动的信息。

4. 人力资源管理审计

人力资源管理者一般会利用人力资源管理审计，来收集员工流动率及安全等方面的数据。一名人力资源管理领域的从业者指出，人力资源管理审计是一个企业为了衡量自己当前的状态，同时决定需要采取哪些措施来改进自己的人力资源管理职能而进行的分析。一般而言，人力资源管理审计主要是审查公司的各种人力资源管理职能，保证公司遵守相应的法律法规和政策，审计过程需要公司按照一份清单来完成。

在人力资源管理审计中，管理者通常会将公司的审计结果与其他可比公司的审计结果进行比较，基于每个公司所侧重的方面不同，比较的结果也各不相同。人力资源管理审计的典型内容包括以下12个部分：

①员工类型及人数，包括各种雇佣类型的人数。
②遵守政府制定的雇佣相关法律。
③招聘选拔。
④报酬管理。
⑤员工关系。
⑥福利待遇。
⑦社会保障。

⑧薪酬支付。

⑨保管员工情况文件和档案。

⑩员工培训与潜力发展。

⑪员工沟通。

⑫解雇及调职政策和实践。

## 二、人力资源管理的发展趋势

### (一) 影响人力资源管理的若干发展趋势

人力资源管理在企业发展的历史中始终起着关键作用。一个组织、一个企业都需要有人为其提供人员配置，例如，人力资源管理者通过与直线管理人员相互配合，已经在帮助企业管理员工、筛选员工及就可用的绩效评价表格提供建议等。

然而，无论是他们所做的事情本身还是他们做事的方式都在发生变化，导致这些变化出现的某些原因是显而易见的。例如，企业现在可以让员工利用局域网修改自己的福利计划，而这在几十年前是不可能的事情。其他一些对人力资源管理实践产生影响的趋势则可能显得更加微妙。这些趋势包括经济全球化、负债增加（杠杆机制）、管制放松、技术、工作性质、人口结构的变化、各种经济挑战等。接下来，我们将讨论这些发展趋势。

1. 经济全球化和竞争趋势

经济全球化指企业扩大其销售、所有权或制造活动到国外新市场的趋势。自由贸易区是一个减少贸易关税和贸易壁垒的协定，自由贸易区的建立进一步促进了国际贸易的实现。导致企业进行国际贸易的原因有很多，其中之一就是扩大销售，主要基于当地的销售额来衡定。当地销售额持续走高时，就可以计划扩大在当地的市场份额，甚至将生产线开在当地以扩大销售。

此外，企业向海外扩张的其他原因中，廉价劳动力是重要因素之一。一些制造商希望在降低劳动力成本的同时发掘新型产品。因此，一些服装制造商在迈阿密设计和裁剪面料，然后在劳动力成本相对较低的中美洲缝制实际产品。从另一个层面来讲，与外国企业结成伙伴关系的潜在可能性，也会鼓励一家公司在海外开展业务，主要是为了迅速打开海外市场。

对商界人士而言，经济全球化的基本特征是：经济全球化程度越高，竞争越激烈，企业需要承担的压力就越大；成为世界级企业不仅需要战略手段，还需要更严格地控制成本、激励员工，寻找成本与员工满意度的平衡点。经济全球化既给我们带来了好处，也带来了挑战。对消费者来说，经济全球化的优势占比更大些，意味着从电脑到汽车的一切东西变得更便宜，但质量更高了。

与此同时，人们也要更加负责地去对待工作，因为企业降低成本的第一步一定是降低员工成本，工作的安全感反而可能比过去更低。例如，有这样一种情况，即在未来的几年里，许多企业甚至计划将一些技术水平要求较高的职位（销售经理、总经理及人力资源经理等）也采取外包的形式。对企业所有者而言，经济全球化意味着有了数百万的潜在客户，但同时意味着他们面临一种新的威胁，这就是即使是在本国经营，可能也需要面对新的、强有力的全球竞争者。

最近几十年来，经济全球化得到了迅猛发展，驱动这种经济全球化繁荣的是一些经济哲学和政治哲学。很多国家都降低了跨国交易税或海关关税的税率，组建了经济自由贸易区，并且采取一些措施来鼓励国家之间的自由贸易，这些做法背后的基本经济原理就是所有国家都能从中获益。

2. 负债增加（杠杆机制）和管制放松

其他的发展趋势也促进了经济的发展，管制放松就是其中之一。经济的迅速发展使各国政府在经济方面放松了管制，越来越多的银行开展了贷款业务，个人和企业可以自由贷款来满足自己的需求。这一政策的出台，让企业和个人在一时间变成了负债者。人们很乐意接受这种"最低价"的消费模式，利用分期、贷款来购买昂贵的东西，消费者实际上花的比赚的多。因此，一些看起来的繁荣现象很大程度上是建立在债务基础上的，造成了假象。

3. 技术方面的发展趋势

众所周知，技术进步几乎改变了我们所做的每一件事的性质。同样，技术不仅改变了企业的经营方式，还改变了企业做事的方式。越来越多的公司为了节省人员成本，将呼叫中心转移到劳动力成本更低的地区，以低成本劳动力来完成技术含量低的工作，利用在线虚拟社区来提高效率。

## （二）人力资源管理发展的新趋势

1. 高绩效工作系统

许多竞争和经济挑战也意味着公司现在必须专注于提高生产率和绩效，对于当今社会的人力资源管理来说，帮助企业在充满挑战的时代提高绩效才是重中之重。在这种环境下，首先，要对招聘提出要求，把人力资本放在首位，通过选择、测试、筛选求职者可以帮助企业获得更高绩效水平的员工；其次，要加强对原有员工的培训，使之具备与公司发展相匹配的技能；最后，高绩效工作制度是一套能够产生优秀员工绩效的人力资源管理政策，从较高的盈利能力、较低的运营成本和较低的员工流动率来看，采用高绩效工作体系的企业的整体绩效水平也是最高的。

2. 循证人力资源管理

在今天这种充满挑战的环境中，企业很自然地希望自己的人力资源管理团队能够衡量本企业的绩效。例如，"这项新的甄选测试程序能够让公司通过降低员工离职率带来多少成本的节约？""如果我们实施了一项新的培训计划，员工的生产率能够提高多少？""从每位员工对应的人力资源管理者人数这一角度来说，与竞争对手相比，我们的人力资源管理团队的生产率如何？"提供类似这样的证据恰恰是循证人力资源管理的核心。

简而言之，循证人力资源管理就是在与某一人力资源管理实践相关的决策过程中，谨慎地运用现有的最佳证据。证据可能来自实际推测，也可能来自已有的数据。此外，这些数据还有可能来自公开发表的评估性科学研究。

对可衡量性的一个基本要求是，人力资源管理者需要获得一些数据。具体来讲，人力资源管理者需要量化的绩效衡量指标（绩效指标）。

3. 伦理道德管理

几乎每隔几年，就会有一些管理者因为自己的不道德行为而成为新闻的主角。道德是用来决定一个人行动的标准，在现代社会，道德丑闻会对人的未来产生长期影响，应该让所有管理者在做任何事情之前都三思而后行。

# 第二节　新型人力资源管理者

## 一、新型人力资源管理者的特点

新型人力资源管理者具有以下多个方面的特点：

### （一）更关注战略性、全局性的问题

人力资源管理者更多地参与帮助自己公司处理长期性、战略性、全局性的问题当中。简而言之，战略人力资源管理就是制定并实施有效的人力资源管理政策和做法，从而获得

公司实现战略目标所需要的员工能力和相应的行为。

## （二）关注如何提高绩效

企业期望他们的人力资源管理者帮助进行领导绩效提高活动。今天的人力资源管理者在提高公司业绩和盈利能力方面处于强有力的地位，主要是通过以下三个主要杠杆确立的：第一个杠杆是人力资源部门的杠杆。人力资源管理者可以确保人力资源管理高效率地提供服务，可以通过外包、裁员或员工雇用的选择来以较低的成本提供人力资源服务。第二个杠杆是员工成本杠杆。例如，人力资源经理在向高层管理人员提供有关公司人员编制水平及制定和控制公司的薪酬、奖金和福利政策等方面的建议时，发挥着重大作用。第三个杠杆是战略结果杠杆。人力资源管理者通过制定和实施各种人力资源管理政策，挖掘和提升员工的能力和技能来实现企业战略目标。

## （三）衡量人力资源管理的绩效和结果

对性能的关注需要性能度量。管理层希望人力资源管理者能够为当前人力资源管理活动的效率和效果提供可衡量和基准的证据，这就需要人力资源管理者制定相应的衡量机制对绩效和结果做系统化的评估，来表明其员工以一种有意义和积极的方式帮助公司实现其战略目标。

## （四）运用循证人力资源管理

人力资源管理者通常使用各种数据、事实、分析方法、严格的科学手段来进行关键评估和仔细评估，通过分析研究或案例来支持自己的建议、决定，从而得出人力资源管理的实践结论。证据可能来自实际评估（如受培训者是否喜欢这个培训项目），也可能来自一些已有的数据（如在实施了这项培训计划之后，公司利润有什么变化）。此外，这些数据还有可能来自已经公开发表的研究（例如，大量的科学研究文献对于下面这个问题得出了怎样的结论：能够确保受训者牢记学过的内容的最好方法是什么）。

## （五）为组织增加价值

归根结底，今天的企业都需要它们的人力资源管理者通过提高公司的利润和绩效水平来为公司增加价值。各种人力资源管理项目（如甄选测试）都只不过是获取结果的一种手段而已，人力资源管理者的终极目标在于增加价值。"增加价值"的意思是，通过人力资源管理者的行动，以一种可衡量的方式帮助公司及其员工取得进步。

### （六）采用新的方法提供人力资源服务

为了节约时间履行新的战略性职责，同时，以成本有效性更高的方式提供人力资源服务，今天的人力资源管理者采用新的方法来提供传统的日常性人力资源服务（如福利管理）。例如，他们可以利用公司门户网站等技术让员工自己管理个人的福利计划，利用脸谱网招募模块来招聘员工，通过在线人员测试进行求职者的预甄选，还可以使用集中呼叫中心，来回答各级主管人员提出的与人力资源管理有关的问题。

### （七）将人才管理方法引入人力资源管理

在企业迫切要求提升绩效的情况下，一项针对人力资源高层管理人员的调查发现，"人才管理问题"是他们所面临的最紧迫的问题之一。人才管理是一个以目标为导向的整合人力资源规划、招聘、开发、管理，以及薪酬等人力资源管理活动的过程，它将识别、招聘、雇用和开发员工等活动变成了一个协调一致的整体。

### （八）管理员工敬业度

提高绩效要求有敬业的员工。企业生产力研究所将"敬业的员工"定义为在精神、情绪方面投入工作且能够为企业的成功做出贡献的员工。

### （九）理解人力资源管理哲学

人们的行为总是部分建立在他们做出的一些基本假设之上的，这一点在人力资源管理领域尤其适用。人力资源管理者所做出的关于人的所有假设——人值得信任吗？他们厌恶工作吗？他们为什么会有这样的行为？应该如何对待他们？——共同构成了人力资源管理哲学。人力资源管理者所做的每一项人事决策——雇用员工、提供培训、采用某种领导风格等都反映了那些基本的哲学（无论其好坏）。

从某种程度上来说，这些是早就注定的。毫无疑问，一个人最初带入工作中的哲学是基于个人已有的经验、所受的教育、价值观、各种基本假设及个人背景等因素的，但哲学并不是一成不变的，它会随着个人的知识和经验的积累而不断发展。

对一个人的人力资源管理哲学的塑造产生影响的部分因素，源于其所在组织的高层管理者的管理哲学。尽管组织高层管理者的这些管理哲学并不一定会明确地表述出来，但通常会通过他们的行动传递出来，并且渗透到组织的每一个层级和部门。

公司要为每一位员工提供充分施展个人才能的机会，其中包括表达自己的意见，在个人能力允许的范围内分享公司的进步，以及赚到足够多的钱等，这样他们才不会在心里总是将赚更多的钱放在第一位。简而言之，就是要为员工提供一个机会，使他们在这里的工作能够得到充分的回报，并且成为他们生活中一个非常重要的组成部分。

### （十）拥有新的胜任素质

制定战略和以数据为基础的决策等工作任务，要求人力资源管理者掌握新的技能。人力资源管理者不能只擅长完成诸如雇用和培训员工等传统的人事管理工作；相反，他们必须能够运用首席财务官的语言，即使用量化的条件（如投资回报等）来为自己的人力资源管理计划进行自我辩护。

为了确定战略计划，人力资源管理者必须能够理解战略规划、市场营销、生产和财务等方面的内容。

## 二、人力资源管理者的胜任素质

人力资源管理者需要具备扮演以下角色的知识、技能和能力：

（1）战略定位者。例如，能够帮助公司制定战略。

（2）可信的行动者。例如，通过展现"既可信（被人尊敬、钦佩和认同）又积极（提供见解、承担责任）"的领导力来实现。

（3）能力建设者。例如，创造一个有意义的工作环境，以及使组织的战略、文化、管理实践和员工行为协调一致。

（4）变革推动者。例如，发动和维持变革。

（5）人力资源管理创新者和整合者。例如，开发人才，通过员工队伍规划和分析来对人力资本进行优化。

（6）技术倡导者。例如，通过技术将人们联系起来。

许多人力资源管理者都利用专业认证，来证明自己掌握了现代人力资源管理的知识。人力资源认证协会（HRCI）是一个独立的、针对人力资源管理专业人员设置的认证组织。人力资源认证协会向考试通过者授予相应的证书，其中，包括人力资源专业人员（PHR）和人力资源高级专业人员（SPHR）等。

# 第二章 人力资源规划与招聘

## 第一节 人力资源规划

### 一、人力资源规划概述

**(一) 人力资源规划的含义与意义**

1. 人力资源规划的含义

①人力资源规划要在企业发展战略和经营规划的基础上进行。因为人力资源管理只是企业经营管理系统的一个子系统，是为企业发展提供人力资源支持的，所以，人力资源规划必须以企业的最高战略为坐标。

②人力资源规划应包括两个部分：一是对企业在特定时期内的人员供给和需求进行预测，二是根据预测的结果采取相应的措施进行供需平衡。在这两部分内容中，前者是后者的基础，离开了预测，将无法进行人力资源平衡；后者则是前者的目的，如果不采取措施平衡供需，进行预测就失去了意义。

③人力资源规划对企业人力资源供给和需求的预测，要从数量和质量这两个方面来进行，企业对人力资源的需求，数量只是一个方面，更重要的是要保证质量，也就是说，供给和需求不仅要在数量上平衡，还要在结构上匹配，而对于后者，人们往往容易忽略。

通过人力资源规划能够回答或解决以下问题：

（1）企业在某一特定时期内对人力资源的需求是什么？即企业需要多少人员？这些人员的构成和要求是什么？

②企业在相应的时间内能得到多少人力资源的供给？这些供给必须与需求的层次和类别相对应。

③在这段时期内，企业人力资源供给和需求比较的结果是什么？企业应当通过什么方式来达到人力资源供需的平衡？

可以说，上述三个问题形成了人力资源规划的三个基本要素，涵盖了人力资源规划的主要方面。如果能够对这三个问题做出比较明确的回答，那么人力资源规划的主要任务就完成了。

2. 人力资源规划的意义

①人力资源规划有助于企业发展战略的制定。在进行人力资源规划时，要以企业的发展战略和经营规划作为依据，但是这两者之间并不仅仅是一种简单的单向关系，而是存在着一种双向的互动关系。企业的发展战略是对未来的一种规划，这种规划同样也需要将自身的人力资源状况作为一个重要的变量加以考虑。例如，如果预测的人力资源供给无法满足设定的目标，那么就要对战略和规划做出相应的调整。因此，做好人力资源规划反过来会有利于企业战略的制定，使战略更加切实可行。

(2) 人力资源规划有助于企业保持人员状况的稳定。企业的正常运转需要自身的人员状况保持相对的稳定，但是企业都是在复杂的内外部环境条件下进行生产经营活动的，而这些环境因素又处于不断发展变化之中，因此，企业为了自身的生存和发展，必须随时依据环境的变化及时做出相应的调整，如改变经营计划和变革组织结构等，这些调整往往会引起人员数量和结构的变化；此外，企业内部的人力资源自身也处于不断的变化之中，如辞职、退休等，这也会引起人员数量和结构的变化。由于人力资源的特殊性质，这些变化造成的影响往往具有一定的时滞性，因此，企业为了保证人员状况的稳定，就必须提前了解这些变化并制定相应的措施，在这种情况下，人力资源规划就显得非常有必要。

(3) 人力资源规划有助于企业降低人工成本的开支。虽然人力资源对企业来说具有非常重要的意义，但是，它在为企业创造价值的同时，也给企业带来了一定的成本开支，而理性的企业是以利润最大化为目标的，追求以最小的投入实现最大的产出，因此，企业不可能使拥有的人力资源超出自己的需求，这样不仅会造成人力资源的浪费，而且还会增加人工成本的开支。通过人力资源规划，企业就可以将员工的数量和质量控制在合理的范围内，从而节省人工成本的支出。

(4) 人力资源规划还对人力资源管理的其他职能具有指导意义。这就如同人力资源规划和企业战略之间的关系一样，虽然人力资源规划目标的实现需要以人力资源管理的其他职能作为基础，但是它反过来对于这些职能具有一定的指导意义，为它们提供行动的信息和依据，使这些职能活动与企业的发展结合得更加紧密。

### （二）人力资源规划的类型和内容

1. 人力资源规划的类型

(1) 按照时间跨度划分

按照时间跨度可分为长期规划、中期规划和短期规划。长期规划，是5~10年的计划，比较抽象，主要确立组织的人力资源的战略；中期规划，介于长期和短期之间，一般是1年以上，5年以内，主要是根据战略规划来制订人力资源的战术规划；短期规划，一般是1年以内的执行计划，主要制订作业性的行动方案，一般而言，任务清晰、目标明确，是中长期规划的贯彻和落实。

（2）按照层次划分

按照层次可分为总体规划和业务规划。总体规划，指在规划期内人力资源管理和开发的总目标、总政策、实施步骤及总预算的安排；各项业务规划，是人力资源总体规划的进一步展开和细化，包括人员补充计划、人员使用计划、晋升计划、教育培训计划、薪资计划、退休计划、劳动关系计划等。

2. 人力资源规划的内容

（1）总体规划的内容

人力资源总体规划侧重于人力资源总的、概括性的谋略，以及有关重要方针、政策和原则。总体规划的主要内容包括以下三个方面：

①阐述在组织战略规划内组织对各种人力资源需求和各种人力资源配置的总体框架。

②阐述与人力资源管理方面的重要方针、政策和原则。如人才的招聘、晋升、降职、培训与开发、奖惩和福利等方面的重大方针和政策。

③确定人力资源投资的预算。

（2）业务规划的内容

人力资源业务规划是总体规划的具体实施和人力资源管理具体业务的部署。

①人员补充规划。人员补充规划也是人事政策的具体体现，目的是合理填补组织中、长期内可能产生的职位空缺。补充规划与晋升规划是密切相关的。由于晋升规划的影响，组织内的职位空缺逐级向下移动，最终积累在较低层次的人员需求上。同时，这也说明，较低层次人员的吸收录用，必须考虑若干年后的使用问题。人员补充规划的目标涉及人员的类型、数量、层次、对人员素质结构的改善等。人员补充规划的政策包括人员的资格标准、人员的来源范围、人员的起点待遇等。人员补充规划的步骤就是从制定补充人员标准到招聘、甄选和录用等一系列工作的安排流程。补充规划预算则是组织用于人员获取的总体费用。

②人员配置规划。人员配置规划是对中、长期内处于不同职位或工作类型的人员的安置和调配规划。组织中各个部门、职位所需要的人员都有一个合适的规模，这个规模是随着组织内外部环境和条件的变化而变化的。配置规划是要确定这个合适的规模及与之对应的人员结构是怎样的，这是确定组织人员需求的重要依据。配置规划的目标包括部门编

制、人力资源结构优化、职位匹配、职位轮换等。配置规划的政策包括确定任职条件、职位轮换的范围和时间等。配置规划的预算是按使用规模、类别和人员状况决定薪酬预算。

③人员晋升规划。人员晋升规划实质上是组织晋升政策的一种表达方式。对企业来说，有计划地提升有能力的人员，以满足职位对人的要求，是组织的一种重要职能。从员工个人角度来看，有计划的提升会满足员工自我实现的需求。晋升规划的目标是后备人员数量的保持，人员结构的改善，组织绩效的提高。晋升规划的政策涉及制定选拔标准和资格、确定使用期限和晋升比例，一般用指标来表达，例如，晋升到上一级职位的平均年限和晋升比例。晋升规划的预算是由于职位变化引起的薪酬的变化。

④培训与开发规划。培训与开发规划的目的是为企业中、长期所须补充的职位空缺事先准备人员。在缺乏有目的、有计划地培训与开发规划的情况下，员工自己也会培养自己，但是效果未必理想，也未必符合组织中职位的要求。把培训开发规划与晋升规划、补充规划联系在一起，培训的目的性就明确了，培训的效果也就明显提高了。培训与开发的目标是员工素质与绩效的改善、组织文化的推广、员工上岗指导等。培训开发规划需要组织制定支持员工素质与绩效的终身教育、政策、培训时间和待遇的保证政策等。培训与开发的预算包括培训投入的费用和由于脱产学习造成的间接误工费用等。

⑤员工关系规划。员工关系规划的目标是提高工作效率、改善员工关系、降低离职率。员工关系规划的政策是制定参与管理的政策和措施、对"合理化建议"奖励的政策和措施、有关团队建设和管理沟通的政策和措施等。员工关系规划的预算包括用于鼓励员工团队活动的费用支持，用于开发管理沟通的费用支出，有关奖励基金及法律诉讼费用等。

⑥退休解聘规划。退休解聘规划的目标是降低老龄化程度，降低劳动力成本，提高劳动生产率。有关的政策是制定退休和返聘政策、制定解聘程序。涉及的预算包括安置费、人员重置费、返聘津贴等。

## 二、人力资源规划的程序

为了有效地实现目标，人力资源规划必须按照一定的程序进行。人力资源规划的程序有以下四个基本步骤：

### （一）调查分析

这一阶段的工作主要是信息收集。信息收集是制订人力资源规划的基础，通过调查、收集和整理涉及企业战略决策和经营环境的各种信息，为后续阶段的工作做好资料准备。

1. 组织外部环境信息

所谓外部环境就是影响组织正常经营的外部因素，如：组织所在地的政治、经济、文化、法律、人口及社会环境等。外部环境中最重要的因素是劳动力市场、政府相关法律法规及劳动者的自主择业情况等。

(1) 劳动力市场

劳动力市场是企业外部的一个人才"蓄水池"，它为企业提供所需的人才储备，也时刻在发生变化。劳动力市场的供给变化会影响企业对人力的实际"购买"，劳动力市场人才的素质也决定了企业对人员的录用。而公司员工的能力大小在很大程度上决定着公司能否顺利地完成自己的目标。由于可以从公司外部聘用新的员工，因而会间接影响企业的用工规模。除此之外，还有很关键的一点，就是劳动力的价格会直接影响企业的经营成本，因此，在制订人力资源规划时，这也是必须考虑的因素。

(2) 行业发展状况

行业的发展状况构成企业发展的一个大背景，当行业发展不景气时，从事这个行业的企业会不可避免地受到影响，缩小公司规模，这就要求企业对其以前制订的人力资源规划进行调整。同样地，当某个行业发展快速、繁荣时，其中的企业也会乘势迅速发展、相应扩大公司规模，从而需要适当改变人力资源规划。

(3) 政府政策

政府政策就好比一个调节器，它会有选择地对企业行为进行调整。当企业的某种经营行为正好是政策所提倡和鼓励的，那么，此类经营行为就会比较顺利地进行，它所对应的经营目标也会较快地得以实现。因此，企业会根据自身的情况，相对调整自己的战略方向、业务重心和人力资源政策。这样一来，企业人员的流动调配和人力制度就会发生变化，从而进一步推动其人力资源规划的变动。

(4) 职业价值观

职业观念、职业评价会直接影响着人们对职业的选择，拥有不同的职业价值观会选择不同的就业领域或行业。某些行业或岗位的社会认同度比较高，相关组织获取人力资源就容易一些；反之，则困难一些。因此，组织在制订人力资源规划时，必须充分考虑人们的择业心理和职业价值观。

2. 组织内部环境信息

内部环境主要包括组织的经营战略、组织管理制度和组织的人力资源现状等。组织的经营战略是组织的宏观计划，对组织内所有的经营活动都有指导作用。组织管理主要包括组织现有的组织结构、管理体系、管理机制、管理风格、薪酬政策及企业文化等，只有对组织现有的组织结构、管理制度、组织文化等有了充分的了解，才能预测组织未来对人力资源的需求。组织的人力资源现状包括人力资源数量、素质、年龄、工作类别、岗位等，有时也涉及员工价值观、员工潜能等。只有对现有人力资源进行充分了解和有效利用，人力资源规划才能真正实现它的价值。

### （二）预测供需

这一阶段的主要任务是在充分掌握信息的基础上，使用有效的预测方法，对于组织在未来某一时期的人力资源供给和需求做出预测。在预测完毕之后，对供求数据进行比较，从而采取有效的平衡措施。

1. 人力资源需求预测

人力资源需求预测包括短期预测和长期预测，总量预测和各个岗位需求预测。人力资源需求预测的典型步骤如下：①现实人力资源需求预测；②未来人力资源需求预测；③未来人力资源流失情况预测；④得出人力资源需求预测结果。

2. 确定人力资源净需求

在对人力资源未来的需求供给预测数据的基础上，将本组织人力资源需求的预测数与在同期内组织本身可供给的人力资源预测数进行对比分析，从比较分析中可测算出各类人员的净需求数。这里所说的"净需求"既包括人员数量，又包括人员的质量、结构；既要确定"需要多少人"，又要确定"需要什么人"，数量和质量要对应起来。这样就可以有针对性地进行招聘或培训，为组织制定有关人力资源的政策和措施提供依据。

### （三）制订规划

1. 人力资源管理目标的制定

组织的人力资源管理目标是组织经营发展战略的重要组成部分，因此，它必须以组织的长期计划和运营计划为基础，从全局和长期的角度来考虑组织在人力资源方面的发展和要求，为组织长期经营发展提供人力支持。

人力资源管理目标不应该是单一的，而应该涉及人力资源管理活动的各个方面，同时，在多样性的目标中，应该突出那些关键的目标，关键的目标往往与组织人力资源的主要问题相关。同时，规划目标应该有具体明确的表述，一般来说，可以用人力资源管理活动的最终结果来表述，例如，"在本年度内，每个员工接受培训的时间要达到40小时"

"到明年年底,将管理部门的人员精简1/3";目标也可以用工作行为的标准来表达,例如,"通过培训,受训者应该掌握××技能"。

2. 人力资源管理政策的制定

人力资源管理政策是以开发具体的人力资源实践为目标的总体指导原则和行动准则,涉及人力资源活动的各个方面,它决定了人力资源管理活动如何开展和进行,每一个业务单位都可以实施与组织与人力资源管理政策相一致的具体的人力资源实践。

影响组织人力资源管理政策的因素主要有两个方面:一方面,是具体情况要素,这些要素来自组织外部环境和组织自身,如劳动力特征、经营战略和条件、管理层理念、劳动力市场、工作任务和技术、法律法规、社会文化和价值观;另一方面,是利益相关者的利益因素,如股东、管理层、员工、政府、社会、工会等。

3. 人力资源规划内容的制订

人力资源规划内容的制订主要包括总体规划和业务规划。

(1) 人力资源总体规划的制订

人力资源总体规划的制订一般应该包括以下几个方面:与组织的总体规划有关的人力资源规划目标任务的说明,有关人力资源管理的各项政策及有关说明,内部人力资源的供给与需求预测,外部人力资源情况与预测,人力资源"净需求",等等。

(2) 人力资源业务规划的制订

每一项业务规划都包括目标、任务、政策、步骤及预算等要素。业务规划要具体详细,具有可操作性。如:一项裁员计划,应该包括对象、时间、地点;经过培训可以避免裁减人员的情况;帮助裁减对象寻找新工作的具体步骤和措施;裁员的经济补偿预算;其他相关的问题;等等。

### (四) 实施评估

人力资源规划的价值在于实施,在实施过程中需要对规划进行定期或者不定期的评估。

1. 人力资源规划的实施

人力资源规划的实施是一个动态的过程,包括对计划的审核、执行、控制和反馈等步骤。

(1) 审核

审核是对人力资源规划的质量、水平和可行性进行的评价工作,是计划的一个不可或缺的环节，它本身也是规划制订的一项重要工作内容。审核工作必须有组织保证，一般由一个专门的委员会（人力资源管理委员会）来进行，也可以由人力资源部门会同有关的部门经理和专家进行。审核主要围绕以下两个方面：一是对规划的客观性审核。客观性是指人力资源规划制订时所依据的信息是否属实、考虑是否周到、分析和判断是否符合实际等，客观性是规划的科学性和可行性的保证。二是对规划完整性的审核。完整性是对规划内容的覆盖面、时间进度安排、责任明确性、操作程度等方面的审核。

（2）执行

执行就是逐项落实规划的内容和要求。执行过程要注意以下三点：一是充分做好各项准备工作，包括相关资源的准备；二是按照规划的要求全面执行，也就是说要按照一切主要指标来完成规划；三是均衡有序，执行规划要遵循规划所确定的进度和各项工作的内在逻辑，注意它们之间的衔接和协调。

（3）控制

执行过程中需要有效的控制，控制的手段是检查、监督和纠正偏差。控制的对象包括人员、预算、进度、信息等，涉及人力资源管理活动的方方面面。控制的目的在于保证规划的各项具体活动和工作顺利完成，并对规划本身进行有效的调整和修正，以改进和推动企业的人力资源管理。

（4）反馈

规划的实施情况和结果要及时地反馈到相关的人员和部门。反馈可以由实施者进行，也可以由控制者进行，或者由两者共同进行。

2. 人力资源规划的评估

在实施人力资源规划的同时，要进行定期与不定期的评估与审核：①通过人力资源规划的评估和审核工作，可以给规划的执行者造成一定的压力，防止规划的实施流于形式；②在评估和审核过程中，可以广泛听取企业员工对人力资源管理工作的意见和建议，有利于人力资源规划内容的不断完善；③人力资源规划是一个长久持续的动态过程。依据企业内外因素的不断变化，对企业战略、人力资源战略及人力资源规划的及时评估和修改，从而适应变化的环境。

评估内容从以下三个方面进行：①是否忠实执行了本规划；②人力资源规划本身是否合理；③将实施的结果与人力资源规划进行比较，通过发现规划与现实之间的差距来指导以后的人力资源规划活动。

人力资源规划的评估包括两层含义：一是指在实施的过程中，要随时根据内外部环境的变化来修正供给和需求的预测结果，并对平衡供需的措施做出调整；二是指要对预测的结果及制定的措施进行评估，对预测的准确性和措施的有效性做出衡量，找出其中存在的问题及有益的经验，为以后的规划提供借鉴和帮助。

## 三、人力资源需求、供给的预测与平衡

### （一）人力资源需求的预测

1. 人力资源需求预测的含义

人力资源需求包括总量需求和个量需求，也包括数量、质量和结构等方面的需求。

所谓人力资源需求预测是指对组织未来一段时间内所需人力资源的数量、质量和结构等进行的事先估计活动。

2. 影响人力资源需求预测的因素

企业的人力资源需求预测不仅受到企业内部经营状况和已有人力资源状况等诸多内部因素的影响，还会受到政治、经济、文化、科技、教育等诸多不可控的企业外部因素的影响。

（1）社会因素

社会因素主要包括经济形势、产业结构、技术水平、政府政策、劳动力市场的供求情况、顾客需求。

（2）企业因素

企业自身的因素直接影响了人力资源的个量需求。这些因素概括起来有以下五点：

①财务资源。企业对人力资源的需求受到企业财务资源的约束，企业可以根据未来人力资源总成本来推算人力资源需求的最大量。

②发展规划。企业的发展规划和未来的生产经营任务，对人力资源的数量、质量和结构提出了要求，根据企业目标任务和生产因素可能的变动会带来人力资源需求的变动。

③工作负荷。员工的工作情况、定额和职位工作量等，都会对人力资源需求产生影响。

④员工流动率。预期员工流动率，包括由辞退、解聘和退休引起的职位空缺，也会影响人力资源的需求。

⑤生产规模。企业扩大经营领域或扩大生产规模或改变经营领域等，同样会引起人力资源需求的变化。

3. 人力资源需求预测的步骤

人力资源需求预测的步骤包括以下四个环节：

(1) 现实人力资源预测

对于现实人力资源预测的步骤包括根据职位分析的结果，确定职位编制和人员配置；进行人力资源盘点，统计人员的超编、缺编情况及是否符合任职资格条件；将上述统计结果与部门主管进行讨论，审视和修正统计结果。

(2) 未来人力资源需求预测

对于未来人力资源需求预测的步骤包括根据企业的发展规划，预测各部门的工作量；根据工作量的增长情况，确定各部门需要增加的职位数和任职人数，并进行统计汇总，从而得出未来的人力资源预测。

(3) 未来流失人力资源需求预测

对于未来流失人力资源需求预测的步骤包括对预测期内的退休人员进行统计；根据历史数据对未来可能的离职率进行预测；将统计和预测结果进行汇总，得出未来可能流失人力资源的需求。

(4) 企业整体人力资源需求预测

将现实人力资源需求、未来人力资源需求和未来流失的人力资源需求的结果进行汇总，得出企业整体人力资源需求预测。

4. 人力资源需求预测的主要方法

人力资源需求预测的方法很多，概括起来有定性预测法和定量预测法两大类。定性预测法是由预测人员运用自身的智慧、经验和直觉进行预测和判断；定量预测法是运用数学模型的预测方法。

(1) 定性预测法

①管理人员判断法。这是最为简单的一种方法，是由管理人员凭借自己以往工作的经验和直觉，对未来所需要的人力资源做出预测。这种方法主要是凭借经验来进行的，因此，它主要用于短期的预测，并且适用于那些规模较小或者经营环境稳定、人员流动不大的企业；同时，在使用这种方法时，还要求管理人员必须具有丰富的经验，这样预测的结果才会比较准确。

这种方法的第一步是企业组织要求下属各个部门、单位根据各自的生产任务、技术设备等变化的情况，对本单位将来对各种人员的需求进行预测，在此基础上，把下属各部门的预测数进行综合平衡，从中预测出整个组织将来某一时期内对各种人员的需求总数。

②德尔菲法。它是有步骤地使用专家的意见去解决问题，比较适合于长期预测。首先，企业必须设定预测的问题，并将之细分为不同的组成部分。再从有关方面收集相关的资料和不同的分析角度，然后通过中间人整合所有参与专家的意见。中间人将背景资料和

问题，以问卷形式个别传递给参与的专家，再将专家所做出的预测整理后，分别传递给参与的专家，让他们做出新的预测；如此反复数次，直至专家的意见渐趋一致而得出结论。这种方式的特点是故意将专家分开以扩大预测的幅度。

具体做法如下所述：

第一，拟订主题，设计调查表，并附上背景资料。

第二，选择与预测课题相关的专家。

第三，寄发调查表，并在规定时间回收。

第四，对第一轮调查进行综合整理，汇总成新的调查表，再寄发给专家征求意见。这样，专家在了解其他专家意见的基础上（匿名方式），做出新的判断。如此反复几轮（一般3~5轮），便可形成比较集中的意见，从而获得预测的结果。

德尔菲法的优点如下：①它吸取和综合了众多专家的意见，避免了个人预测的片面性；②它不采用集体讨论的方式，而且还是匿名进行，也就是说采取"背靠背"的方式来进行，这样就使专家们可以独立地做出判断，避免了从众的行为；③它采用多轮预测的方式，经过几轮的反复，专家们的意见趋于一致，具有较高的准确性。

运用德尔菲法时要注意提供充分的信息，使专家能够做出正确的判断。提出的问题应该是专家可以回答的问题，如果难度太大或无法给出足够信息，就不能使用德尔菲法，以免得出不正确的结论。在进行咨询之前，应由主管就有关事项向各位专家进行一次正式的说明，强调工作的重要性及注意事项，以取得他们的合作。

（2）定量预测法

①劳动定额法。劳动定额法是对劳动者在单位时间内完成的工作量进行规定。它的具体操作办法是：企业（组织）依据以往的历史数据，先计算出某一工作在单位时间（如每天）内每人的劳动定额（如产量），再根据未来的生产量目标计算出要完成的总工作量，然后根据前一标准折算出所需要的人力资源数量。

②比率分析法。比率分析法是通过特殊的关键因素和所需人员数量之间的比率来确定未来人力资源需求的方法。该方法主要是根据经验，将企业未来的业务活动水平转化为对人力资源的需要。该方法的主要步骤如下：

第一，根据需要预测的人员类别选择关键因素。

第二，根据历史数据，计算出关键因素与所需人员数量之间的比例。

第三，预测未来关键因素的可能数值。

第四，根据预测的关键因素数值和比例，计算未来需要的人员数量。

③回归分析法。回归分析法是研究自变量与因变量之间变动关系的一种数理统计方

法，根据观测到的数据，通过回归分析得到回归方程，即得到自变量与因变量之间的关系式。回归分析预测法的关键是要建立一个科学的回归方程式，用以反映变量和变量之间的关系。根据这种回归方程式，就可以便捷地在了解一个或一系列变量的基础上预测出另外一个变量的数值。回归分析预测法可以有一元回归分析预测法和多元回归分析预测法之分：预测的回归方程式中只有一个自变量和一个因变量的，被称为一元回归分析预测法；有多个自变量和一个因变量的，被称为多元回归分析预测法。

一元线性回归分析法是根据企业或企业各部门过去的人事记录，找出过去若干年的员工数量的变动趋势，并绘制出趋势曲线，从而对未来企业整体或各部门的人员需求状况做出预测。这种方法比较简单，易于操作。但这种方法有效的前提是企业人力资源变动的趋势在过去和未来保持一致。实际上，影响人力资源需求的因素如技术、劳动生产率、销售量等是不断变化的。如果仍然采用原有的趋势曲线进行预测，显然难以保证结果的正确性。

## （二）人力资源供给的预测

### 1. 人力资源供给预测的含义

人力资源的供给预测，就是指对未来某一特定时期内能够供给组织的人力资源的数量、质量及结构进行的估计。人力资源供给分为外部供给和内部供给两个方面。其中，外部供给是指外部劳动力市场对组织的人力资源供给，内部供给是指组织内部对未来企业人力资源的供给。

### 2. 人力资源供给预测

（1）外部供给分析

影响外部供给的因素有很多，如人口变动、经济发展状况、人员的教育文化水平、对专门技能的要求、政府政策及社会失业率等。一般来说，主要有外部劳动力市场、人们的就业意识、企业的吸引力等。

①外部劳动力市场的状况。外部劳动力市场紧张，外部供给的数量就会减少；相反，外部劳动力市场宽松，供给的数量就会增多。

②人们的就业意识。如果企业所在的行业是人们择业时的首选行业，那么人力资源的外部供给量自然就会多；反之就比较少。

③企业的吸引力。如果企业对人们有吸引力的话，人们就愿意到这里来工作，这样企业的外部人力资源供给量就会比较多；反之，如果企业不具有吸引力的话，供给量就会比

较少。

(2) 内部供给分析

内部供给的分析主要是对组织现有人力资源的数量、质量的分析。具体的预测分析主要表现在以下三个方面：

①人员数量的自然变化分析。它主要是对员工的年龄结构、性别及员工的身体状况进行分析。

②人员流动状况的分析。人员流动主要包括由企业流出和人员在企业内部的流动两种，流动的原因是多方面的。

③人员质量的分析。质量的变动主要表现为生产率的变化，生产效率提高，内部的人力资源供给相应就会增加；反之，生产效率降低，内部的人力资源供给则会减少。

3. 人力资源供给预测的步骤

(1) 内部人力资源供给预测

组织内部人力资源供给预测的步骤包括以下内容：

①人力资源盘点，了解企业员工现状。

②分析企业的职位调整政策和员工调整历史数据，统计出员工调整的比例。

③向各部门的人事决策人了解可能出现的人事调整情况。

④将上述情况汇总，得出企业内部人力资源供给预测。

(2) 外部人力资源供给预测

组织外部人力资源供给预测的步骤包括以下内容：

①分析影响外部人力资源供给的地域性因素包括：公司所在地的人力资源整体现状，公司所在地的有效人力资源的供求现状，公司所在地对人才的吸引程度，公司薪酬对所在地人才的吸引程度，公司能够提供的各种福利对当地人才的吸引程度，公司本身对人才的吸引程度。

②分析影响外部人力资源供给的全国性因素，包括全国相关专业的大学生毕业人数及分配情况，国家在就业方面的法规和政策，该行业全国范围的人才供需状况，全国范围从业人员的薪酬水平和差异。

(3) 整体人力资源供给预测

将企业内部人力资源供给预测和企业外部人力资源供给预测汇总，得出企业人力资源供给预测。

(4) 确定人员"净需求"

根据人力资源供给预测的结果，结合人力资源需求预测的情况，测试出组织规划期内各类人力资源的余缺情况，从而得到"净需求"的数据。

4. 人力资源供给预测的方法

（1）内部人力资源供给预测的方法

①技能清单。技能清单是一个用来反映员工工作能力特征的列表，这些特征包括员工的培训背景、工作经历、持有的资格证书及工作能力的评价等内容。技能清单是对员工竞争力的一个反映，可以用来帮助人力资源部门估计现有员工调换工作岗位可能性的大小，决定有哪些员工可以补充组织当前的空缺，帮助预测潜在的人力资源供给。

②管理人员替换法。管理人员替换法也称职位置换法。它通过对组织中各类管理人员的绩效考核及晋升可能性的分析，确定组织中各个关键职位的接替人选，然后评价接替人选目前的潜质，确定其职业发展的需要，考查其职业目标与组织目标的契合度，最终目的是确保组织未来有足够的、合格的管理人员。其典型步骤如下：

首先，确定人力资源规划所涉及的工作职能范围。

其次，确定每一个关键职位上的接替人选。

再次，评价接替人选的工作情况及是否达到晋升的要求。

最后，接替人选的职业发展需要，并引导其将个人的职业目标与组织目标结合起来。

人员替换法是一种专门对组织中的中、高层管理人员的供给进行有效预测的方法。

③人力资源"水池"模型。人力资源"水池"模型是在预测企业内部人员流动的基础上预测人力资源的内部供给，该模型是从职位出发进行分析，预测的是未来某一时间现实的供给。这种方法一般要针对具体的部门、职位层次或职位类别来进行，它可以使用以下公式来预测每一层次职位的人员流动情况：

未来供给量＝现有人员的数量+流入人员的数量−流出人员的数量

对每一职位来说，人员流入的原因有平行调入、向下降职和向上晋升；人员流出的原因有向上晋升、向下降职、平行调出和离职。

④马尔科夫模型。马尔科夫模型是用来预测等时间间隔点上（一般为一年）各类人员分布状况的一种动态预测技术，是用于内部人力资源供给预测的定量方法。该方法的基本思想是找出过去人力资源流动的比例，以此来预测未来人力资源供给的情况。

马尔科夫模型的基本假设：在给定的时间段内，各类人员都有规律地从低一级向高一级职位转移，转移率是一个固定的比例，或者根据组织职位转移变化的历史分析推算。

（2）外部人力资源供给预测的方法

外部人力资源供给预测的方法主要有以下三种：

①文献法

外部人力资源预测一般是根据国家的统计数字或者有关权威机构的统计资料及社会的总需求量来进行分析的。组织可以通过互联网以及国家和地区的统计部门、劳动和人事部门发布的一些统计数据，及时了解人才市场信息。组织也应该及时关注国家和地区有关政策和法律的变化情况。

②直接调查

组织可以就自身所关注的人力资源状况进行调查。除了与猎头公司、人才中介公司等专门机构建立并保持长期的、紧密的联系外，还可以与各类院校建立并保持合作关系，密切跟踪目标生源的情况，及时了解可能为组织提供目标人才的情况。

③应聘人员进行分析

组织可以对应聘人员和已经雇用的人员进行分析，从分析比较中得出未来人力资源供给的相关信息，如应聘人员的数量、来源、学历层次、专业背景及职业目标等。

## （三）人力资源供需的平衡

1. 总量平衡，结构失衡

企业人力资源供求完全平衡这种情况极为少见，甚至不可能，即使是供求总量上达到平衡，也会在层次、结构上发生不平衡，具体可采取以下平衡措施：

①进行人员内部的重新配置，包括晋升、调动、降职等，来弥补那些空缺的职位，满足这部分的人力资源需求。

②对人员进行有针对性的专门培训，使他们能够从事有空缺职位的工作。

③进行人员的置换，释放企业不需要的人员，补充企业需要的人员，以调整人员的结构。

2. 供小于求

当预测企业的人力资源在未来可能发生短缺时，要根据具体情况选择不同方案以避免短缺现象的发生。

①从外部招聘人员，包括返聘退休人员、聘用临时工、小时工等。

②提高现有员工的工作效率。

③降低员工离职率，减少员工流失，进行内部调配。

④将企业的某些业务外包。

总之，以上这些措施，虽然是解决组织人力资源短缺的有效途径，但最为有效的方法是通过科学的激励机制，以及培训提高员工的生产业务技能、改进工艺设计等方式，来调动员工积极性，提高劳动生产率，减少对人力资源的需求。

3. 供大于求

企业人力资源过剩是我国企业现在面临的主要问题，也是人力资源规划的难点问题。解决企业人力资源过剩的常用方法有以下六种：

①扩大经营规模，或者开拓新的增长点。

②永久性裁员或是辞退员工。

③鼓励提前退休。

④对富余员工进行培训，为企业扩大再生产准备人力资本。

⑤缩短员工的工作时间，随之降低工资水平。

⑥冻结招聘。

在制定平衡人力资源供求的政策措施的过程中，不可能是单一的供大于求、供小于求，往往最可能出现的是某些部门人力资源供过于求，而另几个部门可能供不应求；也许是高层次人员供不应求，而低层次人员供给却远远超过需求量。所以，应具体情况具体分析，制订出相应的人力资源部门或业务规划，使各部门人力资源在数量、质量、结构、层次等方面达到协调平衡。

## 第二节　人力资源招聘

### 一、人力资源招聘概述

#### （一）人力资源招聘的含义及意义

1. 人力资源招聘的含义

所谓人力资源招聘，是指企业根据人力资源规划和工作分析的要求，通过一定的程序和方法，把具有一定技巧、能力的人吸收到企业空缺的岗位上，以满足企业的人力资源需求的过程。招聘工作作为人力资源管理的源头，直接影响企业人力资源管理其他环节的开展。

2. 人力资源招聘的意义

（1）招聘工作是企业获取人力资源的重要手段

招聘的直接目的就是获得企业需要的人才。招聘工作的质量直接决定着人力资源输入的质量。企业的竞争说到底是人才的竞争，企业只有通过人员招聘，才能获得优秀的人力资源，才能保证各项工作的正常开展和企业的长远发展。

（2）招聘工作影响着人力资源的流动

企业人员流动会受到多种因素的影响，招聘活动是其中一个重要因素。招聘时，招聘人员应和应聘者之间进行充分的沟通。一方面，企业要了解应聘者的求职动机，选出和企业价值观、企业文化相吻合的员工；另一方面，应聘者要了解企业的战略目标、经营状况、价值观和文化等，双方如果能沟通充分，就能有效降低人力资源的流动率。

（3）招聘工作是企业树立社会形象的重要渠道

招聘工作需要有严密的策划。招聘时，企业要和人力资源中介机构、新闻媒体、高等院校和政府部门等多方联系，招聘人员素质的高低和招聘活动的成功与否都会影响外界对企业形象的评价。企业利用精心策划的招聘活动，向应聘人员展示企业的实力和发展前景，同时，表明企业对优秀人才的渴望。因此，成功的招聘工作，将使企业在求职者心中留下美好的印象。

## （二）人力资源招聘的原则

为了把招聘工作做好，真正选到企业所需的人员，在招聘工作中必须按照人力资源管理的客观规律办事，遵循反映这些客观规律的科学原则去开展工作。这些原则如下所述：

1. 因事择人原则

所谓因事择人，就是员工的选聘应以实际工作的需要和职位的空缺情况为出发点，根据职位对任职者的资格要求选用人员。

2. 能级匹配原则

招聘应该本着因职选人、因能量级的原则，既不可过度追求低成本，造成小材大用，也不可盲目攀比，造成大材小用。小材大用会导致贻误工作，而大材小用则会导致学历虚高或是人才高消费。能级匹配原则要求在招聘中"不求最好，但求合适"，即在合适的基础上要给岗位胜任度留有一定的空间，挑选既能较大程度满足岗位能力需求又能具备一定的提升空间和培养潜力的人才，使其"永远有差距，永远有追求"。坚持能级匹配原则可以有效地提高人员稳定性，减少新员工流失率。

3. 德才兼备原则

人才招聘中必须注重应聘人员的品德修养，在此基础上考查应聘者的才能，做到以德为先、德才兼备。

4. 用人所长原则

所谓用人所长，是指在用人时不能够求全责备，管理者应注重发挥人的长处。完全意义上的"通才""全才"是不存在的，即使存在，企业也不一定非要选择这种"通才"，而应该选择最适合空缺职位要求的候选人。

5. "宁缺毋滥"原则

可招可不招时尽量不招，可少招可多招时尽量少招。招聘来的人不一定能充分发挥其作用，而企业则是创造效益的集合体。因而，制定招聘决策时一定要树立"宁缺毋滥"的原则，一个岗位宁可暂时空缺，也不要让不合适的人占据。

## （三）影响招聘工作的因素

影响招聘的因素虽然有很多，但从来源看不外乎企业外部、企业内部和求职者个人三个方面，这些因素制约和影响着企业招聘人员的来源、招聘方法、招聘标准和招聘效率等。

1. 外部因素

（1）劳动力市场的状况

劳动力市场的人才供求状况在很大程度上影响了企业招聘的效果。当劳动力比较富足、处于供大于求的状况下，企业在招聘时选择的余地就会比较大，成功的概率也比较高；相反，如果人才比较紧缺，则招聘的难度就会增大。另外，劳动力市场的发展状态对招聘也有很大影响。一般而言，一个国家和地区的劳动力市场越发达，市场对人才的配置作用越强，企业外部招聘成功的可能性就越高。

（2）竞争对手的政策

应聘者在求职时通常会进行行业和企业的多方面比较，在权衡待遇、发展前景和企业文化等因素后才做出最终决策。如果竞争对手的招聘政策更具有竞争力，则会客观上增大招聘的难度，影响招聘的效果。因此，要了解竞争对手的招聘政策，在企业自身可承受的能力范围内取得对竞争对手的比较优势。

（3）技术进步的状况

技术进步对招聘的影响，主要体现在以下三个方面：一是技术进步引起招聘职位分布及职位技能技巧要求的变化；二是技术进步对招聘数量变化的影响；三是技术进步对应聘者素质的影响。随着技术进步，行业、产业等的分布和就业职位需求的分布也会发生相应的改变。

2. 内部因素

（1）企业的实力和形象

良好的企业形象能够对应聘者产生积极的影响，激发他们对空缺职位的兴趣。因此，企业在公众中的声望越高，就越容易吸引大批的求职者。大型的跨国企业、知名的品牌大公司，都能凭借自己的实力和声望吸引大量的求职者。实力较强的企业，能够给员工提供较好的物质待遇和完善的福利保障，以及培训学习的机会和良好的自我发展空间，这也是吸引人才的重要因素。

（2）企业的用人政策

企业的用人政策对招聘有着直接的影响。有些企业注重员工的能力，认为能力比专业知识更重要，不拘一格录用人才；而有些企业则强调员工的价值观，认为只有和企业价值观一致的人才，才能真正融入企业。企业的高层决策者还决定了企业在招聘时是选择内部渠道还是外部渠道。有些企业倾向于外部招聘，认为只有从外界不断补充优秀人才，才能调动现有员工的工作积极性；有些企业倾向于内部招聘，认为现有员工更加可靠，能更快地适应新的工作岗位。

3. 求职者的个人因素

（1）求职者的教育背景和家庭背景

毋庸置疑，求职者的教育背景对求职者的择业有着重要影响，进而影响企业的招聘。这种影响表现在：①求职者所学的专业是其选择职业的主要影响因素；②教育程度的高低是其职业择业期望值的重要影响因素。教育程度越高，应聘者越趋向于选择较高的职位，很难"低就"；反之，求职者对职位的期望值则较低。

求职者的家庭背景对求职者择业的影响表现在求职者家庭成员的职业、家庭的经济状况、家庭教育等对求职者的影响上。例如，我们经常可以见到的"教师之家""艺术世家"等都证明了家庭背景对求职者择业的影响。

（2）求职者的经济压力

求职者的求职动机与经济压力之间成正比关系，在职人员的求职动机远比没有工作的人要弱，因为他们的经济压力相对较小。除了求职者是否有工作之外，求职者的个人经历和家庭条件等也决定经济压力的大小，进而影响企业的招聘。

（3）求职者的工作经验

从企业方面来看，招聘有经验的人员可以在短时间内给企业带来效益，用人单位也不必花费高成本从技能方面重新培养人才，节约了企业经营成本。接受过多种专业训练或有着多年相关工作经验的求职者，对职位的要求会高于没有相关经历和技能的求职者。

（4）求职者的职业期望

每一个求职者都有自己的职业期望，有的人期望高一些，有的人期望低一些；有的人胸怀大志，有的人不求上进；有的人好高骛远、不切实际，有的人脚踏实地。但不管怎样，这些期望都会影响求职者的择业，进而影响企业的招聘。

## 二、人力资源招聘的流程与渠道

### （一）人力资源招聘的流程

1. 招聘需求分析

分析职位空缺、确定招聘需求是整个招聘活动的起点，只有明确了空缺职位的数量、类型和具体要求，企业才能开始制订招聘计划。人力资源需求通常是由用人部门根据本部门的人员配置情况提出的。由于招聘需求往往受制于企业的人员预算，因此，用人部门应该和人力资源部门根据企业战略发展和实际业务的变化来确定人员的预算，并以人力资源规划、职位分析为基础，最终确定职位的空缺情况。

2. 制订招聘计划

招聘计划是企业招聘的依据，也是人力资源业务规划的重要组成部分。可以通过定期或不定期地招聘企业所需要的各类人才，为企业人力资源系统提供可靠的保证。招聘计划的主要内容包括如下四个方面：

（1）招聘的标准

人力资源部门和用人部门要进行充分的交流，通过查阅职位说明书，明确所需人员的录用标准和资格条件，这些可以从与工作相关的知识背景、工作技能、工作经验、个性品质、价值观和身体素质等方面的情况进行确定。在明确每个方面的具体标准时，还应该进一步区分哪些素质是职位要求所必需的、哪些是希望应聘者具有的，只有明确了招聘的标准，才能使招聘的人员符合实际需要。

（2）招聘的范围

招聘的范围是指企业在多大范围内开展招聘工作。招聘范围越大，效果越好，但招聘成本也越会增加。因此，招聘范围应该适度。确定招聘范围须考虑两个主要因素：首先是空缺职位的类型和企业当地劳动力市场的状况。一般来说，在招聘较高层次和特殊性职位的人才时，就需要在较大范围内进行，而基层工作人员可以在当地招聘。其次，要考虑劳动力市场的供求关系。如果当地相关职位的供给比较充足，在本地招聘就可以满足需求；如果供给比较紧张，则要考虑扩大招聘的范围。

（3）招聘的规模

招聘的规模是指企业准备通过招聘活动吸引多少数量的应聘者。招聘计划应该确定招聘录用人数及达到规定录用率所需要的人员。招聘活动吸引的人数既不能太多，也不能太少；太多会增加招聘的成本和甄选的难度，太少则会限制挑选的范围，影响招聘质量。所以，应该控制在一个合理的范围内。

（4）招聘的预算

一般来讲，录用一个人所需要的费用可以用招聘总费用除以雇用人数得出。除此之外，下列成本计算也是必不可少的：①人工费用，如招聘人员的工资、福利、差旅费和加班费等；②业务费用，如电话费、服务费、资料费、信息服务费、广告费和物资及邮资费用等；③一般管理费用，如设备折旧费、水电费和办公用具等费用。

3. 确定招聘策略

（1）招聘渠道的确定

在招聘需求获得批准以后，需要选择合适的渠道和方法来获取职位候选人。招聘工作的效果在很大程度上取决于有多少合格的应聘者前来应聘，来应聘的人越多，企业选择到合适人才的可能性就越大。对招聘渠道的选择决定了招聘对象的来源、范围、整体质量和数量等。

（2）招聘人员的确定

在招聘过程中，直接和求职者接触的是负责招聘的人员。因此，从某种意义上来说，招聘人员的素质高低对招聘工作有非常大的影响。招聘人员应由人力资源部工作人员、用人单位的负责人、专家等共同组成，企业可视具体招聘职位而定。

总的来说，招聘人员应具备以下四个条件：①良好的品德和个人修养；②相关的专业知识；③掌握一定的面试技巧；④面试时应持公平、公正、客观的态度去评价所有的应聘者。

（3）招聘时间、地点的确定

从确定职位空缺到最终甄选录用需要一定的时间，为了避免因为人员缺位影响企业正常工作的运行，招聘计划应准确估计从候选人应聘到录用之间的时间间隔，合理地确定招聘时间，以保证职位空缺的及时填补。

招聘的地点要根据招聘的具体情况而定。一方面，要考虑所招人员的数量和质量；另一方面，要考虑招聘的成本。

4. 招聘实施

（1）人力资源招募

人力资源招募是指企业采取适当的方式寻找或吸引胜任的求职者前来应聘的工作过程。人力资源招募主要有两项任务：一是选择合适的招聘渠道发布招聘信息；二是接受应聘者的咨询，收集求职材料。

企业应当根据不同的招聘岗位，选择不同的信息发布渠道。如果是内部招聘，一般采取内部公告或部门推荐的方式进行；如果是外部招聘，就要分析各种信息发布渠道的效果。信息发布的选择要考虑兼具覆盖面广和针对性强两个方面。覆盖面广，接受招聘信息的人数多，"人才蓄水池"就大，找到合格人选的概率就加大；针对性强，可以使符合特定岗位的特定人群接收到信息，有助于提高招聘的效率和效益。企业应该综合考虑招聘岗位的特点（工作内容、职位要求、应负责任、任职资格等）、招聘时间和地点及招聘成本等因素，统筹考虑，精心安排，采取最有效的方法来发布企业的招聘信息。招聘人员要及时整理应聘人员信息，如发现应聘者数量不足或质量不高，则应及时改变信息发布的渠道和方法。在求职者提交了求职资料后，招聘人员还要及时收集和整理求职资料，以便为下一步开展甄选工作做准备。

（2）人力资源甄选

人力资源甄选是指采用科学的方法，对应聘人员的知识、能力、个性特征、品质和动机等进行全面了解，从中选出最符合空缺岗位要求的人选的过程。一般要经过初步筛选、甄选测试、面试和背景调查、体格和体能检查及录用决策等环节。甄选程序部署不是绝对的，要看企业规模、岗位性质和工作要求的不同而决定甄选的程序。甄选内容必须是测试应聘者未来工作表现优劣的有关内容，应该尽量避免一些与工作无关的私人问题。甄选环节是整个招聘工作中最复杂、最艰难的阶段，直接决定了企业招聘工作的效率和效果。

（3）人力资源录用

人力资源录用是招聘活动中最重要的阶段，它是企业经过层层筛选之后做出的慎重决策。人力资源录用工作的主要任务就是录用决策，根据录用决策的结果，通知录用人员报到，安排上岗前的培训，签订劳动合同或聘任合同，并安排一定期限的试用期对录用人员进行实际考查，其中，企业还要对录用文件进行制作和妥善管理。

5. 招聘评估

招聘评估是指企业按照一定的标准，采用科学的方法，对招聘活动的过程及结果进行检查和评定，总结经验，发现问题，在此基础上不断改进招聘方式，提高招聘效率的过程。招聘评估主要包括招聘成本评估和投资收益评估两个方面。

招聘评估是招聘程序中的最后一个环节，也是最容易被忽视的环节。任何一次招聘都会存在这样或那样的问题，如：招聘渠道、招聘方法选择不当，招聘地点不当，选人标准过高或过低等，都会影响招聘成本和招聘效果。在招聘活动结束后对招聘做一次全面、深入、科学和合理的评估，可以及时发现问题并加以解决，同时，为改进今后的招聘工作提供依据。

以上介绍了企业招聘工作过程的五个阶段及各个阶段应完成的主要任务。当然，这个程序也不是固定不变的。企业在招聘的具体操作过程中，可以根据实际情况的需要，对其中的一两个环节进行变通，灵活安排，以节省招聘成本，提高招聘效率。

## （二）招聘的渠道和方法

1. 内部招聘

内部招聘就是从企业内部现有的员工中选拔合适的人才来补充空缺或新增的职位，这实际上是企业内部的一种人员调整。在进行人力资源招聘工作时，企业内部调整应先于企业外部招聘，尤其对于高级职位或重要职位的人员招聘工作更应如此。

（1）内部招聘适用的条件

内部招聘有其自身的特殊性，因此，企业要根据自身的实际情况和岗位的实际需求来决定是否采取内部招聘。一般说来，企业要进行内部招聘要基本具备以下条件：

①企业内有充足的人力资源储备。企业如果能够在平时注重人才的积累和储备，有自己的人才蓄水池，一旦发生岗位空缺，就能够有足够的人员迅速补充上来，从而减少因人才流失带来的损失。

②内部的人力资源质量能够满足企业发展的需要。一方面，要有充足的人才储备，即要有数量上的保证；另一方面，能力也能达到企业的要求，即要有质量上的保证。

③要有完善的内部选拔机制。公平、公正的内部招聘机制可以帮助企业选拔出符合实际需要的员工，调动现有员工的工作积极性。

（2）内部招聘的优势

通过内部渠道选拔合适的人才，可以调动和发挥企业中现有人员的工作积极性，同时，也能加速人员的岗位适应性，简化程序，减少招聘、录用时的人力、财力等资源支出，也能缩短培训期，减少培训费用。当一个企业注重从内部招聘和提升人员时，其员工就有了为取得更好的工作机会而努力的动力。具体来说，内部渠道的优势可以体现在以下四个方面：

①内部招聘可以节省时间和成本。

②内部招聘的员工相对更加可靠。

③内部招聘有助于提高效率。

④内部招聘有利于激励员工。

（3）内部招聘的不足

内部招聘的不足之处主要表现在以下四个方面：

①容易"近亲繁殖"，不利于企业的内部竞争和长期发展。

②可能影响团结，甚至因为竞争和其他员工产生矛盾。

③不利于创新，容易产生"群体思维""长官意志"现象。

④可能因领导好恶而导致优秀人才外流或被埋没，也可能出现"裙带关系"，滋生企业中的"小帮派""小团体"，进而削弱企业效能。

（4）内部招聘的主要方法

①内部晋升和工作轮换。内部晋升是指企业从内部提拔员工补充到高一级的空缺职位。晋升是企业内部招聘的重要方法，能够促进企业人力资源的垂直流动，激发企业内其他员工的士气，保持企业的工作效率不断提高。工作轮换主要是企业内人员的横向流动，一般是指职务级别不变的情况下，在企业内轮换工作岗位。工作轮换有助于员工拓宽自己的知识面，获得更多实际经验。

内部晋升和工作轮换是建立在系统有序基础上的内部职位空缺补充的方法。实行内部招聘时，首先，要建立一套完整的职位体系，明确不同职位的关键职责、职位级别，以及职位的晋升与轮换关系，指明哪些职位可以晋升到哪些职位、哪些职位之间可以轮换；其次，要在对员工绩效考核的基础上建立员工的职业生涯管理体系，建立员工的发展档案，了解员工的职业发展愿望，帮助员工建立个人的职业发展规划，根据员工的发展愿望和发展可能性进行有序的岗位轮换。

②工作告示法。工作告示法是最常见的内部招聘方法，它是一种向员工通报现有工作岗位空缺的方法。在企业内部，通过布告栏、内部报刊、内部网站等渠道公布招聘信息。工作告示的内容包括工作内容、空缺职位的资格要求、薪酬情况、直接上司和工作时间等情况。

③内部推荐。内部推荐是指当员工了解到企业出现职位空缺时，向企业推荐其熟悉的内部人员并进行考核的一种方法。这种方法的优点是员工对任职资格比较了解，推荐的人也是比较符合要求的。另外，出于对引荐者的尊重，被推荐者一般不会轻易辞职。

④人才库和继任计划。许多企业都有一个相对完善的人才库，当出现职位空缺时，企业可以利用人才库中的档案信息进行招聘。大型企业还会有继任计划，为企业中的一些重要岗位培养接班人。

### 2. 外部招聘

外部招聘是从企业外部获得所需的人员。当企业的产品和技术更新换代较快，来不及培养内部人才适应新的技术需要，企业内出现职位空缺而没有合适的内部应聘者，或内部人员不能满足招聘人数时，就需要向企业外部招聘。

（1）外部招聘适用的条件

①企业为了获取内部员工不具备的技术、技能等。

②企业出现职位空缺，内部员工数量不足，需要尽快补充。

③企业需要能够提供新思想、新观念的创新型员工。

④企业为了建立自己的人才库。

⑤和竞争对手竞争一些具有特殊性、战略性的人才。

（2）外部招聘的优势

①可以为企业带来不同的价值观和新观点、新思路、新方法。新鲜血液有利于企业拓宽视野，能够加快企业技术革新的步伐。同时，外聘的优秀技术人才、营销专家和管理专家，他们将带给企业技术知识、客户群体和管理技能，这些关系资源和技术资源对企业的发展来说是至关重要的。

②能调动现有员工的积极性。外聘人才可以在无形当中给企业原有员工施加压力，形成危机意识，激发斗志和潜能，从而激活企业的肌体，使企业肌体保持活力。

③外部招聘比内部培养更快捷、更廉价、更高效。外部渠道广阔，挑选的余地大。能招聘到许多优秀人才，尤其是一些稀缺的复合型人才，这样还可以节省大量内部培养和培训的费用，促进人才的合理流动。

④外部招聘受现有企业人际关系的影响相对较小。

（3）外部招聘的不足

外部招聘也不可避免地存在着不足，具体有以下表现：

①人才的获取成本高。

②外部招聘的人员可能出现"水土不服"的现象，不能适应该职务或无法融入企业文

化之中。

③新员工需要较长时间的适应和调整。

④可能导致内部未被选拔人员士气低落，挫伤有上进心、有事业心的内部员工的积极性和自信心，或者引发内外部人才之间的冲突。

⑤可能使企业沦为外聘员工的"跳板"，甚至会泄露企业的一些商业机密等。

（4）外部招聘的主要方法

①广告招聘。广告招聘是指通过广播、报纸、杂志和电视等新闻媒体向社会大众传播招聘信息，以详细的工作职责和任职资格的介绍吸引潜在的符合条件的应聘者。不同的广告媒体具有不同的特点。报纸、杂志等广告招聘的特点是信息传播范围广、速度快，应聘人员数量大、层次丰富，企业的选择余地大，同时有广泛的宣传效果，可以展示企业实力，树立企业形象。但广告招聘有时候表现为低效，因为它们不能传达到最适合的候选人——目前并不是正在寻找新工作的优秀人士。此外，广告费用不菲，而且由于应聘者较多，招聘成本也随之增加。

②人才招聘会。人才招聘会是一种比较传统也是最常用的招聘方式。招聘会搭建了求职者和用人单位沟通的桥梁，通过这种直接见面交流的方式，实现了人才和用人单位的双向选择。招聘会一般分为两类：一类是专场招聘会，专场招聘会是企业面向特定群体或者需要招聘大量人员而举办的；另一类是非专场招聘会，这类招聘会往往是由某些中介机构企业（如人才交流中心等）及用人单位参加的招聘会。

企业参加非专场招聘会，需要了解招聘会的档次、对象、企业影响力等信息。这种方法的优点是避免了信息传递过程中的失真现象，达到了初步了解的目的；不足之处在于费用比较高，需要投入大量的人力、物力和财力，也受到招聘会召开时间的限制。

③校园招聘。对大多数企业来说，面向校园招聘员工也是一种普遍的招聘方法。大专院校和各类职业学校日益成为各用人单位招聘足够数量的高素质人才的广阔市场。在校园招聘的过程中，大型企业可以通过举办大型专场招聘会的方式进行招聘，而一般企业会选择校园广播、网络、公告栏或学院推荐等方式进行招聘。校园招聘的不足主要表现在以下方面：一是招聘受时间的限制，一般一年只能招聘一次，当企业急需人才时，这种方法难以满足；二是学生普遍缺乏实际的工作经验。一般来说，校园招聘的对象主要是应届毕业生，他们在学校学习主要以书本的理论知识为主，缺乏实践环节的培养，需要经过一定的培训才能真正发挥作用。

④猎头公司招聘。猎头公司是指为企业寻找高级人才的服务机构。猎头公司一方面为企业搜寻有经验和特殊才能的高级人才信息，另一方面也为各类高级人才寻找合适的工

作。猎头公司一般都拥有自己的人才数据库,他们掌握求职和招聘的信息,熟悉各类企业对特殊人才的需求,因此,利用猎头公司进行招聘的成功率较高。猎头公司在接受客户委托以后会主动接触候选人,对候选人进行面谈或其他方式的测评,并通过各种途径对候选人进行背景调查,向客户提供候选人的评价报告。猎头公司主要是为企业服务的,无论企业最终是否聘用猎头公司所提供的候选人,企业均须支付相应的费用。猎头公司的收费通常能达到所推荐人才年薪的 20%～30%。

猎头公司在中国是一个新兴行业,还有许多地方需要进一步规范和完善。企业在选择猎头公司进行招聘时一定要小心谨慎。要注意考察猎头公司的资质,要明确双方的权利和义务。

⑤网络招聘。随着网络的普及和计算机技术的发展,利用网络进行招聘已经越来越广泛地被企业采用。同时,互联网不仅仅是一个在网上发布招聘广告的媒体,而且是一个具有多种功能的招聘服务系统。用这种招聘方法传递的信息快捷而准确,影响的范围很广,费用低廉。通过互联网招聘的途径有以下两种:第一,专业招聘网站。专业招聘网站同时为企业和个人服务,提供大量的招聘信息,并且提供网上的招聘管理和个人求职管理服务。第二,企业网站的招聘专栏。无论从效益还是从费用的角度,企业在自己的网站上制作精美的招聘网页,都是极具优势的。企业的网站应该成为企业与人才互动交流的窗口。

## 三、人力资源甄选

### (一)人力资源甄选的含义

人力资源甄选,即人力资源选拔,是指通过运用一定的工具和手段对已经招募到的求职者进行鉴别和考察,对应聘人员的知识、能力、个性特征、品质和动机等进行全面了解,从中选出最符合空缺岗位要求的人选的过程。为了对应聘者的知识水平、能力、专业兴趣和个性特征等多方面的情况有比较全面和深入的了解,企业应该借助不同的方式来甄选合适的人选。有效的人员甄选可以降低人力资源招聘的风险,有利于人力资源的配置与管理。

### (二)人力资源甄选的程序

人力资源甄选通常由人力资源部门和用人部门共同完成,人力资源甄选主要包括以下环节:首先,对求职者的求职材料进行审核。根据录用标准,排除明显不合适的人选,确定需要进一步面试的人选,并发出面试通知。其次,按照预定的笔试或面试流程和方案对应试者进行一系列的遴选测试，选出最合适的人选。最后，将筛选结果送交用人部门和主管部门进行审核决定是否录用。

### （三）人力资源甄选的方法

1. 心理测试

（1）心理测试的含义

心理测试是指运用心理学的相关理论和方法，通过科学、客观、标准的测量手段对应聘者的智力水平和个性特征进行测量、分析、评价，据以预测被测试者与拟任职位的符合程度，以达到甄选的目的。

个体的心理活动和心理特征是很难用直接测量的手段来度量的，我们只有通过对心理特征的外显结果行为进行测量，才能推知个体内部的心理活动状态和心理特征。因此，心理测量的对象实际上是行为样本，而不是心理状态。这种由行为表现到心理状态的推论并不是主观随意的，它必须在成熟的心理学理论的基础上，采用客观、科学的方法进行推断。

在测试中要注意测试的信度与效度。信度是指测试结果的可靠性和一致性的程度，也就是说，用同样的测试方式或者类似的测试方式，在不同的时间对同一个人进行测试的结果一致的程度。效度也叫有效性或正确性，是指测试方法测量出的所需要测量内容的程度，也就是说，它在多大程度上能测量出想要测试的内容。为了保证甄选录用的效果，测试方法必须同时具有较高的信度和效度。

（2）常用的心理测试方法

①自陈量表法，又称问卷法。即依据事先编制好的人格量表（若干问题），由应试者本人挑选适合于个人人格特质的答案，然后从量表上汇聚分数，来判断应试者人格类型的一种方法。

②投射测试法。投射测试法是指把那些无意义的、模糊的和不确定的图形、句子、故事、动画片、录音、哑剧等呈现在被测试者面前，不给任何提示、说明或要求，然后问被测试者看到、听到或想到什么。投射测试源于临床心理学和精神病治疗法，作为诱导被试者内心思想情感的一个手段，每当不宜直接提问或不宜暴露真正的研究目的时，便可以采用投射测试。

投射测试的最大优点在于主试者的意图藏而不露，这样创造了一个比较客观的外界条件，使测试的结果比较真实，可以深入了解被试者的心理活动。它的缺点是其过程分析比较困难，需要有经过专门培训的主试。因此，在员工招聘中运用投射测试比较少，只有在招聘高层次的管理人员时才考虑运用。

③心理实验法。心理实验法是指有目的控制或者创造一定条件以引起个体心理活动的产生,来进行测量的一种科学方法。心理实验法可以分为两种:一种叫实验室实验法,另外一种叫情景实验法。

实验法的优点是比较客观,针对性强,但是它设计困难,费用相对比较高。

(3) 心理测试的种类

①认知能力测试。认知能力测试又分为一般能力测试和能力倾向测试。一般能力测试即智力测试,包括思维能力、想象力、语言能力、推理能力、判断能力和协调能力等,一般通过词汇、相似、相反、算术计算和推理等类型的问题进行评价。能力倾向测试是测定被测试者从事某种特殊工作所具备的能力的一种心理测试。人才选拔中的能力倾向测试主要包括语言理解能力、数量关系能力、逻辑推理能力、综合分析能力、知觉速度和准确性等。

②成就测试。成就测试又称为熟练性测试或学绩测试,它通常是对人员在接受了一定的教育或训练之后而进行的测试,测试目的是考查人员在多大程度上掌握了那些对于从事某种具体的工作而言非常重要的知识或技能。

③人格测试。人格测试也称个性测试,主要用于测量性格、气质、兴趣、态度、品德、情绪、动机、信念、价值观等方面的个性心理特征,其目的是为了了解应试者的个性心理特征。人格对工作成就的影响是极为重要的,不同气质、性格的人适合于不同种类的工作。对于一些重要的工作岗位如主要领导岗位,为选择合适的人才,则须进行人格测试。

2. 纸笔测试

纸笔测试是指以书面形式的测试工具,主要侧重于评定学生在知识方面学习成就高低或在认知能力方面发展强弱的一种评价方式。这类评价方式包括传统的考试、教师自编成就测试、标准化成就测试或其他作为教学评价辅助工具用的各种心理测试等。

在人事测量中,标准化的纸笔测试的应用最为广泛。标准化的纸笔测试一般有事前确定好的测试题目和答卷,以及详细的答题说明,测试题目往往以客观题居多,但也有不少是主观自陈评价题。有的测题限定时间,有的则不限定时间。被试的任务一般很简单,只须按照测试的指示语回答问题即可。一个标准的纸笔测试系统还包括客观的记分系统、解释系统、良好的常模,以及值得信服的信度、效度和项目分析数据。

纸笔测试实施方便,既经济又省时,评分也较为客观、迅速,是一种有效的资料收集方式。受测试的形式所制约,它无法对被测者实际的行为表现进行测量,如言语表达能力、操作能力等。纸笔形式测试并不能完全避免考试技巧和猜测因素的影响，也往往无法完全解决应试者掩饰自己真实情况的问题。

3．面试

面试是一种经过精心设计，在特定场景下，以面对面的交谈与观察为主要手段，以便了解被测试者的心理素质和潜在能力的一种测试方法。面试是招聘甄选的一个重要环节，也是企业最常用的一种甄选方法。面对面的交流和沟通，能使双方加深了解，并能获得更多真实的信息。

（1）面试的主要内容

面试的内容需要根据具体的岗位来确定，但一般来说，面试大致有以下一些内容：

①工作兴趣。如：申请工作的动机，对该职位的了解程度，现具备哪些资格条件等。

②当前的工作状况。如：现在的职务；为什么申请新的工作；如果被录用，何时能到岗等。

③工作经历。如：最近的工作单位、地点、职务和职责等；曾经在哪些公司担任过何种职务、主要职责、待遇、离职的原因等。

④教育背景。如接受过何种教育、培训等。

⑤特长爱好。

⑥个人问题。如是否喜欢出差、自己的优缺点等。

（2）面试的种类

按照不同的划分方法，面试主要有以下几类：

①按照面试的结构划分。一是结构化面试。结构化面试是指提前准备好各种问题和可能的答案，要求应聘者在问卷上选择答案。结构化面试的优点是对于所有的被面试者都回答同样的问题，有统一的评分标准，便于分析和比较，一般适用于初次面试。结构化面试的缺点是缺乏灵活性，局限了谈话的深度，很难做到因人而异。二是非结构化面试。非结构化面试是指没有固定的格式，没有统一的评分标准，所提问题因人而异，根据现场情景设计开放性问题的一种面试方法。其优点是可以根据应聘者的陈述内容灵活地提问和面谈，有利于更加全面地了解应聘者的情况；缺点是主观性较强，没有统一的标准，可能会影响面试的信度和效度。三是半结构化面试。半结构化面试是介于结构化面试和非结构化面试之间的一种面试方法。主要特征是提问和回答可以不按固定的格式和程序进行，一部分问题是可以探讨的非固定问题，另一部分则是事先设计的一系列固定的问题。

②按照面试的组织方式划分。一是一对一面试。这是一种比较常用的面试方法，面试考官和应聘者两个人单独进行面谈，一个人口头提问，一个人进行回答。二是小组面试。

当应聘者较多时，可将其分为若干小组，就一些问题展开讨论。主考官可在一旁就应聘者的表达能力、领导能力、逻辑思维能力、环境控制能力等进行观察评价。这种方法有助于了解应聘者在参加小组活动时的人际关系能力，也可以节省面试的时间。三是主试团面试。主试团面试是由几个面试考官同时对一个应聘者进行面试。主试团面试的优点是为参与录用决策的人员提供同等的机会审查被面试者，每个面试考官可以从不同的角度提问，节省了系列面试时所花费的时间和精力。主试团面试的缺点是给被面试者带来额外的压力，可能会妨碍被面试者水平的发挥。

③根据压力的大小划分。一是压力面试。压力面试是指考官故意制造紧张的气氛，以了解应试者在有外界压力的环境下的反应，考官会问一些让应试者比较难堪的问题或者针对应试者不愿回答的某一问题做一连串的发问，直到应试者无法回答。这种办法主要是考查应试者的灵活应变能力、情绪控制能力及心理素质。二是非压力面试。

（3）面试的过程

①面试前的准备阶段。首先，确定面试者。根据条件和要求，面试者一般由人力资源部门和用人部门共同组成。其次，回顾职位说明书。面试前，要了解的信息是职位的主要职责及任职者在知识、能力、经验、个性特点、职业兴趣取向等方面的要求，尤其是要了解胜任这个职位的关键条件。同时，了解该职位在工作中的汇报关系、环境因素、晋升和发展机会、薪酬福利等信息。再次，阅读应聘材料和简历。一是熟悉被面试者的背景、经验和资格并将其与职位要求和工作职责相对照，对被面试者的胜任程度做出初步的判断；二是发现被面试者的应聘材料和简历中的问题，供面试时讨论。最后，明确面试的时间和场所。提前明确面试时间，可以让应聘者做好充分的准备，也可避免和企业的其他工作时间相冲突，保证面试的顺利进行。面试地点应该尽量安排在应聘者方便找到的地方。面试场所应当宽敞、安静、整洁，给应聘者提供一个舒适的环境。

②营造适宜的气氛。为了营造一种轻松、融洽的面试氛围，面试者和应聘者可以先进行一些与面试内容无关的寒暄，以缓解面试紧张的气氛，帮助应聘者尽快进入面试状态，发挥其正常的水平。

③正式面试阶段。提问是面试的主要环节，通过提问、倾听和观察，面试者要着重收集应聘者能够胜任应聘岗位的能力方面的关键信息，并依据这些信息做出基本的判断。一般的提问方式有以下几种：

封闭式提问。封闭式提问是指让应聘者对问题做出明确的答复，以"是"或"不是"来做出简单的回答。这种提问方法只是为了明确某些不太确实的信息。

开放式提问。这是一种鼓励应聘者自由发挥的提问方式，让应聘者自由发表观点和看法，以获取相关信息。根据应聘者的表现，就其逻辑思维能力、语言表达能力等进行综合评价。

假设性提问。这是一种虚拟的提问方式，鼓励应聘者从不同的角度思考问题，充分发挥自己的主观想象力，以考查应聘者的应变能力、思维能力和解决实际问题的能力。

压迫性提问。主要是考查应聘者在压力下的反应和心理承受能力。提问可以从应聘者前后矛盾的谈话中引出，给应聘者造成一种困境和压力。

引导式提问。当涉及工资、福利、工作安排等方面的问题时，通过引导式提问可以征询到应聘者的意向、需求等方面的信息。

连串式提问。可以通过一连串的提问考查应聘者的反应能力、逻辑思维性、条理性和情绪稳定性。

④面试评价反馈阶段。面试结束后，要将面试结果通知应聘者本人，对录用人员发布"试录用通知"，给没有被接受的应聘者发出"辞谢书"。另外，要注意将面试资料存档备案，以备查询。

(4) 面试的技巧

①抓住行为性问题提问。行为性问题是指与过去行为有关的问题。面试提问时多问行为性问题，应该让应聘者必须用其行为实例来回答，避免提出那些直接让应聘者描述自己的能力、特点、个性的题目。因为一个人过去的行为最能预示其未来的行为，抓住行为性问题提问可以获取有价值的、真实的相关信息。

②积极有效地倾听。面试者在面试过程中除了善于有效地运用各种问题之外，还必须做一个好听众。为了做到积极有效的倾听，必须注意以下几点：

少说，多听。在面试的过程中，面试者讲话的时间应该不超过30%，在这段时间内，面试者可以向被面试者提问，了解被面试者的工作经历与能力，澄清某些疑问，向被面试者提供关于企业和职位的信息，回答被面试者提出的问题。被面试者讲话的时间应该占70%，在这段时间里，面试者应该积极倾听。

善于听取要点。在被面试者讲话的时候，面试者没必要一字一句地记下来，而是要善于听出被面试者讲话中与工作相关的信息。特别是有的被面试者语言表达能力不强，回答问题总是不能切中要领，就更需要从他的回答中提取有关内容。

及时总结和确认。由于被面试者常常不能一次性地提供一个问题的全部答案，或者经常从一个问题跳到另一个问题，因此面试者要想得到一个问题的完整信息，就必须善于对被面试者的回答进行总结和确认。

排除各种干扰。在面试过程中可能会遇到一些干扰，无论发生什么样的情况，面试者都应该控制自己，积极倾听被面试者的谈话。

不带个人偏见。作为一名面试者，最忌讳的就是在面试的时候带有个人偏见。例如，不喜欢被面试者的长相和穿着，或觉得被面试者的声音比较怪等。这些个人偏见都会影响你对所获得信息的加工。

倾听并注意思考。有效的倾听者绝不是在听的时候只使用自己的耳朵，而是同时在进行思考。

③注意非语言信息。在面试中，传递的除了语言信息外，还有非语言信息。在非语言信息沟通中要把握好眼神、手势与姿态语言，并结合到具体的环境中，考虑这些手势和姿态表达了什么样的意义。

作为考官要用好非语言暗示。如：适当的眼神接触，亲切地看着应聘者；身体往前倾，表示我尊重你、我在听；适当点头且微笑，表示真心赞许；手心向上，表示鼓励他继续讲；手心向下按压，暗示他停下来。最忌讳的是双手抱着放在胸前，表示我拒绝。

# 第三章 员工培训开发与职业生涯规划

## 第一节 员工培训与开发

### 一、员工培训与开发的概述

#### (一) 培训与开发基础知识

1. 培训与开发的含义

(1) 培训与开发的内容应当与组织的工作任务相关

培训与开发是为了实现组织的目标，为了确保组织工作的完成，培训与开发的内容应当与组织的工作任务相关。

需要说明的是，组织的有些活动虽然借助了培训与开发的形式，但它们严格意义上并非是培训与开发。比如，某电厂邀请儿童教育专家到厂内为员工开设"如何做好亲子交流"的讲座，这个内容与电厂的核心业务及相关业务都没有多少关系，不属于培训内容，但它却是电厂为员工提供的福利，能有效提高员工的获得感，属于薪酬福利的范畴。

(2) 培训与开发的目的是为了提高员工的工作绩效并确保组织整体目标的实现

有些组织为了培训而培训，不知道为了什么而培训，常常是别人培训什么自己就培训什么，或者担心员工没事干那就培训吧，等等。这些都属于目标不明的培训，其培训的效果一定不好，属于劳力伤财的举措。

2. 培训与开发的作用

培训与开发的作用表现在三个层次：一是对组织发展的作用，二是对员工个人发展的作用，三是对人力资源管理其他业务活动的作用。

(1) 培训与开发对组织发展的作用

培训与开发对组织发展的作用主要表现在以下两个方面：

①改善组织绩效，提高竞争力

培训与开发的基本功能是使员工具有更好的工作技能和工作方法，而员工工作技能的提升和工作方法的改善有助于组织绩效的进步，从这个角度来讲，员工培训与开发是组织不断发展的动力。同时，当今社会竞争日益激烈，科学技术日新月异，组织和自己的员工都只有不断地学习和进步，方能与时代同步。因此，组织的培训与开发能有效提升组织的环境适应能力。

②塑造良好组织的文化

优秀的组织都有优秀的文化，组织文化对员工具有强大的凝聚、规范、导向和激励作用，组织的经营理念、发展战略与其文化都密不可分。培训与开发是弘扬组织文化的重要手段和方法。在培训与开发中，员工能对组织文化具有更加深入的认识，并将组织文化的精神融入自己的工作方式和行为之中，不断推动组织向更好的方向前进。

(2) 培训与开发对员工个人的作用

这也主要表现在以下两个方面：

①提高员工的收获感和幸福感

通过组织提供的培训与开发，员工能获得更多的知识、技能，其素质不断提高，其工作能力也越强大，工作绩效不断改进，收获也能越来越多。同时，组织的培训与开发也让员工看到了组织对自己的重视和关心，能有效提高他们在组织中的幸福感。当然，这对组织来说也是一件好事。

②有利于员工的职业发展

任何员工都不会只停留于眼前的工作成绩，而是希望能有更多更好的发展前途。通过培训，员工能获得与当前工作或未来工作相关的知识和技能，不断拓展其能力范围，扩展其可以胜任的工作范围，给员工的未来职业发展提供广阔的空间。

(3) 培训与开发对人力资源管理其他业务活动的作用

培训、开发与人力资源管理其他环节关系密切，相辅相成。比如，培训与开发计划的制订和实施以人力资源规划、职位分析和招聘与选拔等为基础，但又同时对这些工作产生影响。比如，掌握了多样化技能的员工可算是高质量的人力资源，对一般人力资源有较大的替代性，如：经过培训的一个工人可以承担 1.5 个工人的工作，那么人力资源供给预测中就可以多 0.5 个供给量，招聘时就可以少招聘 0.5 个劳动者。职位分析中发现了某个岗位上的工人不能胜任其岗位，而经过培训后可能发现他可以胜任更高级的岗位。培训后的高级别员工可能取得更高的工作绩效，因此要改变工作绩效的考核方法，而其薪酬待遇也可能随之改变，其与组织的劳动关系也有微妙的变化；同时，培训与开发也是员工职业生涯规划的重要一环；等等。

## （二）培训与开发的类型

1. 根据培训与工作关系分类

按照培训与工作的关系，培训与开发可分为岗前培训、在职培训和脱产培训三种。

（1）岗前培训

这是指新员工入职前所进行的培训。这类培训通常是为了向新员工介绍组织和新职位的基本情况，介绍组织和新职位的基本工作流程和相关制度，让新员工感受到组织对他们的欢迎和热情，同时也介绍一些与工作有关的要求与技能等。岗前培训合格后，新员工方能上岗工作。

（2）在职培训

这是员工一边工作一边接受培训，或将培训和工作融合在一起。这种培训通常是为了熟悉工作本身，提高工作技能，或者为了改善工作条件，等等。比如，新工人在老工人的带领下在工作实践中不断提高工作技能，新经理通过培训与其他单位的经理人员建立人际关系，因此改善了工作圈子等。

（3）脱产培训

这是指员工暂停工作，离开工作岗位，专门进行某种培训。比如到高校进修、到别的企业学习、出国深造等。

2. 根据培训的内容分类

按照培训的内容，可以分为知识性培训、技能性培训、态度性培训等。知识性培训是向员工传授相关知识，比如讲授机械工作原理、传授最新管理观念等；技能性培训是以工作技术和能力为主要内容的培训，比如酒店客房部培训员工如何做客房、餐饮企业培训员工如何提升餐饮服务等；态度性培训是改变员工的工作态度，比如向他们讲解工作的意义、宣传组织的发展与个人发展的紧密关系等。三者都对员工和组织绩效的改善有着重要意义。

3. 根据培训的对象分类

根据培训的对象，可以分为新员工培训和老员工培训，前者主要为组织认知性培训，目的是让新员工尽快融入组织；后者主要是提升员工能力和幸福感。根据培训的对象，也可以分为决策层领导培训、督导管理层培训、专业技术人员培训和操作人员培训等。

## 二、培训与开发的流程

### (一) 培训需求分析

1. 培训需求分析的含义和作用

培训需求分析是指在规划与设计每一项培训活动之前,由培训部门、主管人员、工作人员等采用各种方法与技术,对各种组织及其成员的目标、知识、技能等方面进行系统的鉴别与分析,以确定是否需要培训及培训内容的一种活动或过程。

培训需求分析既是确定培训目标、设计培训方案的前提,也是进行培训评估的基础,因而成为培训活动的首要环节。如果培训需求分析不准确,那么培训计划的制订、培训内容的确定、培训方法的选择就会很盲目,培训的效果就会大打折扣。实际工作中,很多组织正是培训需求分析工作不足,所以导致最终培训效果不佳,因此,产生了"培训无用"的错误观念。此外,科学的培训需求分析还能节约培训经费,提高培训的投资回报率。

一般来说,下列问题无法通过培训解决:

①人员配置的问题。如:将一个根本不擅长交际的人安排去做公关经理,安排没有管理才能但科研能力极强的教授去做校长。

②工作步骤或程序问题。如果工作的程序有问题,那绩效很难得到实质性改善。只有通过流程改善或再造才能提高绩效。

③运营、机制、组织结构或组织管理模式和风格的问题。这涉及组织深层管理的问题,必须经过组织变革方可实现组织绩效的提升。

④资源、设备、人员、器材或时间不足。

⑤无法控制的外在因素。如外部战争、宏观经济不景气、灾难所导致的绩效问题。

2. 培训需求分析的层次和程序

(1) 培训需求分析的层次

组织培训需求分析应从组织、任务、员工三个层次进行分析。

①组织层次的分析

这是从组织经营管理层面展开的培训需求分析。主要考虑组织发展的外部环境和内部环境,如宏观政策和产业政策、经济环境与市场竞争情况、组织发展战略、生产效率等因素。通过组织分析,要找出组织中存在的问题与问题产生的根源,并针对那些可以通过培训解决的问题进行重点分析;确定整个组织中哪些部门和业务需要实施培训,哪些人员需要加强培训。需要说明的是，组织分析不仅要考虑组织当前的状况，也要考虑组织未来的发展状况，考虑组织未来的发展需要怎样的员工素质，并确定当前是否进行培训及如何开展培训。

②任务层次分析

从员工所从事的实际工作出发，通过查阅工作说明书或具体分析完成某一工作需要哪些技能，了解员工有效完成该项工作必须具备的条件，找出差距，确定培训内容，弥补不足。

常见的步骤是：

A. 确认所要分析的职位；

B. 职位分析，撰写职位说明书；

C. 确定工作中的具体任务；

D. 确定完成每项任务所需知识、技能、态度及其他素质特征；

E. 分析处在这个职位上的员工目前工作中存在的差距；

F. 根据差距确定需要对哪些知识和技能进行培训；

G. 按重要性对所需培训的知识和技能进行排序。

③员工层次的分析

人员分析是从培训对象的角度来分析培训的需求，将员工目前的实际绩效与组织的员工绩效标准要求对比，找出员工现状与标准之间的差距，确定"谁应该需要培训"及"需要什么培训"。一般来说，新员工、面临工作任务变化的员工、晋升的员工、绩效低下的员工都是需要培训的对象。

常见的个人需求分析的信息来源有：员工绩效考核记录、员工测试成绩、员工个人填写的培训需求问卷、访谈、观察等。

(2) 培训需求分析的程序

培训需求分析的程序常常分为以下三个步骤：

①准备工作

这个阶段的工作主要有两个：一是制订培训需求分析工作计划，确定培训需求分析的时间、地点和方法等；二是组织培训需求分析小组、查阅人力资源信息库，准备好各类表格和文件。

②培训需求分析的执行

执行培训需求分析方案，通过访谈法、问卷法、观察法、重点团队分析法、工作任务分析法等，从组织层面、任务层面和员工个人层面展开分析，收集培训需求信息。

A. 访谈法。访谈法是通过同被访谈人进行面对面的交谈，来获取培训需求的信息的方法。访谈的对象一般有组织管理层、有关工作负责人、员工、客户等。

访谈法的优点有：能面对面交流，可以充分了解信息；有利于培训双方相互了解，建立信任关系；能引导培训对象认识工作中的问题和不足，激发其学习的动力和参加培训的热情；等等。但是也存在不足：通常访谈法需要较长的时间，对培训者的面谈技巧要求较高等。

B. 问卷法。这是将所需分析的事项设计成问题，制作成问卷，发放给培训对象填写后，再收回分析，得出培训需求信息的方法。通常，它在信息收集方面最流行，也很有效。根据问卷发放对象的不同，问卷可分为个人的培训需求调查表和部门的培训需求调查表。

问卷调查法的优点有：能有效节省培训组织者与培训对象双方的时间；调查成本相对较低；能实现大规模调查；等等。不足之处有：所收集的信息真实性难以判断；问卷设计分析工作难度大，而且分析统计工作也较复杂，对技术性要求较高。

C. 观察法。这是指调查人员直接到员工的工作现场了解员工工作技能、行为表现，并从中发现问题的方法。这是最原始、最基本的需求调查工具之一，比较适合生产作业和服务性工作人员。

这种方法的优点是比较直接、简单，可操作性强；但是它要求观察者必须对所观察的岗位熟悉，能了解岗位职责、工作流程及其中的细节。

D. 重点团队分析法。这是从拟调查的对象中，选出一批熟悉问题的代表组成讨论小组，以小组讨论来获知培训需求的方法。通常，这个讨论小组由1~2名调查者和8~12名参加者组成。在选择受访者成员时，要求受访者对需要调查的问题十分熟悉，而且能代表培训对象的培训需求。

这种方法的优点有：耗时少，能快速获得培训需求结果；大家共同讨论，对培训信息掌握充分；能激发出各成员对组织培训的使命感和责任感；等等。另外，这种方法也对访谈的组织者提出了较高要求。

E. 工作任务分析法。这是以职位说明书、工作规范或工作任务分析记录表作为确定员工达到要求所必须掌握的知识、技能和态度的依据，将其和员工平时工作中的表现进行对比，以判定员工要完成工作任务的差距所在的过程。这是非常正规的需求分析方法。其优点是：结果比较准确，可信度高；但通常耗时耗力，成本较高。通常适合于那些非常重要的项目的培训需求分析。

③撰写培训需求分析报告

报告对培训需求分析进行总结，得出结论，将所用的图表、问卷等原始资料以附件的形式进行说明。常见的培训需求分析报告的内容包括：

A. 需求分析实施的背景；

B. 开展需求分析的目的和性质；

C. 概述需求分析实施的方法和过程；

D. 阐明分析结果；

E. 解释、评论分析结果和提供参考意见；

F. 附录。

## （二）培训方案设计

在明确培训需求的情况下，需要对具体如何展开培训工作进行规划，设计一份切实可行的培训方案。

### 1. 培训方案的内容

不同情况下所制订的培训方案略有不同，但大部分包含培训与开发的目的、应遵循的原则、培训需求阐述、培训项目、培训对象、培训内容、培训时间和地点、培训形式和方式、培训教师、培训组织人、考评方式、计划变更或者调整方式、培训费预算、签发人等内容。

### 2. 培训与开发方案中应包含的要素

具体来说，一份培训方案应当包含的要素可归纳为"5W2H"。

（1）Why

培训目的。这是对培训目标、预期效果进行的阐述，属于培训方案中纲领性的内容。从组织的角度来讲，这是组织通过培训要达到何种目的；从受训者角度来看，是通过组织能获得何种技能的提高。

（2）What

培训什么。这是对培训内容所进行的安排。为了达到培训目标，应准备哪些内容，比如，开设何种课程、提供何种培训资料等。

（3）Who

谁来培训及谁来接受培训。这是对培训教师和受训者的安排。培训教师既可以来自组织的内部，也可以来自组织的外部。选择内部教师还是外部教师进行培训，各有优缺点。

谁应接受培训通过前一步骤的培训需求分析已经有了结果。需要说明的是，培训是有成本的，组织的资源是有限的，因此，并不是所有人都参加培训才好。

（4）When

什么时间培训。这是对培训的时间进行安排，包括何时开始培训、培训多久及培训的频率等。一般来说，除非是非常急迫的问题；否则，组织不应使培训的时间与工作的时间相冲突，这样会导致工作绩效受累，培训成本过高。

（5）Where

在何处培训。这是对培训的地点进行预计。不仅包括培训的场地选择，也包括对培训现场的氛围设计。不同的培训场地和现场氛围烘托，会导致不同的培训效果。

（6）How to do

如何实施培训。这是对培训的形式、培训的方法、行政事务安排、培训过程控制、培训评估等事务进行的安排。

（7）How Much

培训费用。这是对培训可能花费的各项经费支出进行预计。如果是年度计划，需要写明年度计划总支出及每季度、月度分支出的状况；如果是按次编写的方案，需要写明该次培训中各项经费的支出状况。

3. 培训方案的制订步骤

一般来说，培训方案的制订按照如下步骤进行：

①根据培训需求分析的结果汇总培训意见，拟写初步计划并修改；

②将拟写的培训方案提交上级管理者审批；

③培训部门组织安排内部培训过程，确定培训教师、准备培训教材和资料，或联系外派培训工作；

④后勤部门对与内部培训有关的场地、设备、工具、食宿、交通等予以落实；

⑤培训部门根据确认的培训时间编制培训次序表，并告知相关部门和单位。

（三）培训方案的实施

1. 内部培训的实施

组织内部培训的实施包括前期准备、培训介绍、知识或技能的传授、对学习进行回顾和评估、培训后工作等。

（1）前期准备

培训前期的准备包括场地布置、设备检查、教师安排、课表安排、资料准备等。

（2）培训介绍

这个阶段是培训正式开始的阶段，一般有个开训典礼。开训典礼前，要做好相关前序工作，如学员座位安排、学员报到和签到、资料发放、设备检查和调试、茶点安排等。在开训典礼上，要介绍培训目的、培训主题，介绍培训教师和培训日程、后勤保障，强调培训纪律，对全体成员进行培训动员，激励大家努力学习，获得好的培训效果。

（3）知识或技能的传授

本阶段，培训教师开始进行知识或技能的传授，是培训的主要环节和关键环节。从破冰活动和学员自我介绍开始，逐渐进入培训主题。讲师和学员要通过各种适合的培训方法，按照既定的进程完成目标内容的培训。在这个过程中，要注意观察讲师的表现和学员的训中反应，及时收集培训中的各种情况，与讲师和相关方面沟通、协调，及时做出必要的调整，控制作息时间，使培训向着既定目标前进。如有需要，还可以对培训情况进行记录、录音和摄影。

（4）对学习进行回顾和评估

这是对培训内容进行总结，包括阶段性总结和训后总结。这种总结有利于学习收获的巩固和学习效果的提高。

（5）培训后工作

这个阶段的工作可能包括向各方面参与者致谢、对培训效果进行检查和考核、通过问卷调查或访谈等形式对培训开展中的意见进行收集、向各参训学员颁发结业证书等。此外，还要对培训场地进行清理、检查和归还设备，做好培训教师的欢送，开好培训总结大会或结业典礼，并进行相关费用报销等收尾工作。

2. 外部培训和培训外包的实施

外部培训和培训外包都属于员工到组织外边去接受培训。

外部培训中，一般是由组织内部员工自己申请参训，由人力资源部门审核，经有管理权限的领导审批后交人力资源部备案，员工方可自行前往培训地点参训；培训完毕后，员工需要向人力资源部门提交其培训结业证书，并自行按照组织程序报销有关费用。

在培训外包中，组织将全部或部分培训工作交由外部专门的培训机构承担，培训与开发合同的签订十分关键，在合同中要明确规定双方的权责，并严格按照合同的约定完成对员工的培训。组织需要对外包单位的培训效果进行评价，并决定是否维持合作。

## （四）培训成果转化

培训成果转化是指将培训中所学到的知识、技能和行为应用到工作实际中，不断提高工作绩效的过程。一般来说，受训者如果能在实际工作中将培训中所学到的东西进行推广和维持，都算是较为成功的成果转化。所谓推广，是将培训中的所学应用于实际工作；所谓维持，是能在实际工作中长时间应用所学。如果学不能致用，那么培训就没有多少实际意义。

培训成果的转化受到多种因素的影响，如受训者的特点、培训项目和工作环境等。一些受训者对培训不重视，或者缺乏将理论知识用于实践的能力，其转化效果可能就比较差；一些培训项目与实际工作并无多少关系，所学在工作中没有机会实践，转化的可能性也就比较小。另外，如果上级对转化与否并不重视，同事对积极转化的人进行嘲笑和打击，都不利于培训成果的转化。

## 三、培训与开发的方法

### （一）直接传授型培训法

1. 讲授法

讲授法是培训教师通过口头语言向受训学员传授知识、培养能力、进行思想教育的方法，在以语言传递为主的培训方法中应用非常广泛，其他各种方法在运用中常常要与讲授法结合。

（1）讲授法的优点
①有利于进行知识的系统传授。
②能在短时间内进行大量的知识讲授和信息传递。
③有利于加深理解难度大的内容。
④教师便于控制培训进度。
⑤能实现规模培训，成本较低。

（2）讲授法的不足
①学生被动接受培训师所传授的信息，不能根据自己的情况选择学习内容。
②学生学习时可运用的感官有限，很少有机会参与互动学习。
③教师常无法知道学生的学习效果。
④忽略了学员间的差别，不能因材施教。

⑤学习过的知识容易忘记。

⑥效果受教师水平的影响较大。

此方法常用于向多人进行规模性、系统性理论培训，尤其是对于一些抽象概念和高深知识的培训时经常使用。在使用此方法时，要求培训者能对课题有深刻研究，对受训学员的状况有所了解。在讲授内容的安排上，知识要有系统性，条理清晰，重点突出。讲授语言生动，风趣幽默。同时，授课的环境、视听设备的应用等都会影响讲授法的效果。

2. 专题讲座法

专题讲座法也是属于讲授法，但它是针对某一专题的单次培训，而不像讲授法那样进行连续的、系列的培训。

其优点有：对时间要求不多，通常在一两个小时之内就能培训完毕；形式灵活，可满足特定的培训需求；易于让受训者对一些难以理解的专题进行深入理解。其缺点有：所传授的知识相对单一，内容不够系统，也可能使学员产生"只见树木、不见森林"的感觉。

3. 研讨法

研讨法是在培训教师的组织下，在受训者组成的团队中对工作中的课题或问题进行研讨，并在研讨过程中相互交流、启发，不断提高受训者知识和能力的一种培训方法。研讨法与前两种方法不一样，它不是完全的单向信息传递，而是培训教师、受训学员及各受训学员之间都可以实现相互交流。

该方法的优点有：多向信息交流能加深知识的理解，如果有疑问能立即提问；能实现互动，可提高学员的参与积极性；形式多样。缺点是对培训教师的要求较高，需要事前做周全准备，而且研讨过程控制也很重要，否则容易讨论偏题。

## （二）实践型培训法

1. 工作指导法

又称为教练法，是指由有经验的培训教师或管理人员在工作岗位上对受训者进行指导培训的方法。培训教师的任务是教受训者如何进行工作的开展，提出更好的工作建议，并对受训者进行激励。

其优点是应用广泛，既可用于基层生产工人的培训，也可以用于高层管理者的培训。但其不足是不一定能进行全面指导，因为实际工作中未必能遇到该岗位可能遇到的所有问题；如果培训教师的方法本身错误，很可能对受训者产生深远、持久的影响。

2. 工作轮换法

这是让员工进行轮岗，在不同的岗位上获得不同技能的方法。比如，让销售岗上的员工到生产岗工作、让生产岗上的员工到采购岗工作等。

这种轮岗能使受训者掌握多种技能，增加工作经验，对多种工作的了解也方便受训者找到自己感兴趣并适合的工作；同时，这种培训也能使不同岗位上的人相互理解，改善部门间的合作。但是，并非所有岗位都适合轮岗，它鼓励通才，适合一般直线管理人员，不适合职能管理人员。

3. 个别指导法

这是通过资历较深或技能掌握良好的员工给新员工或技能较低的员工进行个别指导，使其快速掌握技能的培训方法。这种方法能使受训者快速获得别人的丰富经验，避免盲目摸索，有利于新员工尽快融入团队。其缺点是培训者的不良习惯会影响受训者，或者培训者会故意有所保留而不愿意尽心指导。

## （三）参与型培训法

1. 自学

自学是由受训者自行学习，增长自己知识和才能的方法。所学习的知识既可以是由组织根据需要向受训者做统一要求和安排，也可以是学习者根据自己的需要自行挑选学习内容。这种方法可适用于多方面学习，学习的自主性强，每个人能根据自己的情况选择学习的方式，能培养自学能力，不会影响组织的工作，而且组织的培训费用低。但是，由于各人的学习能力有差异，而且大家的学习基础不同，培训的效果难以衡量，而且在学习中遇到困难无法得到有效的指导，学习中容易单调乏味。

2. 案例研究法

案例研究法是指为参加培训学习的学员提供实际案例或假设性案例，让学员研读，并从案例分析中发掘问题、分析原因，通过与其他人讨论提出自己的研究结果和解决问题的办法。案例研究法的优点是：能寓教于实践，使教学方式生动；在探讨中能实现学员互动，教学方式生动，可以获得较好的培训效果。但是，案例研究法对案例的要求很高，对培训讲师的能力要求较高，学员要参与案例研究法也需要有一定的基础，培训的时间较长。

案例研究法中，案例的选择和编写是关键。所选择的案例要求要有明确的培训目的，内容要真实，能体现一定的管理问题。在编写案例时，案例不能随便乱写，一定是在组织中真实发生的事情。如果为了防止泄露商业机密，可以将一些关键性数据按比例增大或缩小，但是不能随意改变比例。

### 3. 头脑风暴法

头脑风暴法是准备一个开放性话题，在培训者的主持下，鼓励各个参训者充分发言，要求每个人都不能对其他人的观点进行评价，但可以相互借鉴他人的思维，充分发挥创造性思维，最大限度地发挥参加者的创造能力。

这种方法的优点有：能在培训中解决实际问题，参与性强，能加深学员对问题的理解，可以集中集体智慧，培训时间不会太长，等等。但是，这种培训方法对培训师的要求很高，要求他能有效引导和控制培训进程；同时，如果学员的水平较差，无法碰撞出太多火花，培训效果也会大打折扣；另外，头脑风暴法通常不能有多个主题，而且时间不能太长。

使用此方法时，先要确定好讨论话题、培训者和受训者，受训者不宜太多，数人至十余人即可；在事前布置好的场地中，由培训者说明探讨话题和规则，并创造一种有益于充分讨论的氛围；接着由各个参与者充分发言，在发言中提倡创造性思维，不主张对他人的观点进行负面评价，也不能进行私下交谈；培训者进行总结，提炼出最有优势的观点，并向大家阐明收获和意义。

### 4. 模拟训练法

这是一种侧重对操作技能和敏捷反应的培训方法，通过把受训者置于模拟的现实工作环境中，让受训者反复操作训练，以解决实际工作中可能出现的各种问题，不断提高工作技能。其特点是以实际工作情况为基础，以实际工作资源为条件。优点是能有效提高受训者的工作技能，也可以减少培训开支和降低危险性；但准备时间较长，对组织者和模拟场景的要求较高，同时，并非所有项目都可以采用此方法。

进行模拟训练法的目的是通过对经常性的销售实景进行模拟演练，从而提高实战的技能。培训时，要先设定一个情景，如办公室、居家、商场等；再对参训者进行角色分配，如职员、经理、夫妻、营业员、业务人员等；培训师要设计好情节，让学员在规定范围内自由发挥；讲师要为达成某种目的而进行演练，并在演练后点评总结。

### 5. 敏感性训练法

敏感性训练是让学员借着创造有效率团体的实际过程进行学习，从而使所有学员成为高效团队的成员的培训方法。在敏感性训练中，学员就参加者的个人情感、态度及行为进行坦率、公正的讨论，相互交流对各自行为的看法，并说明其引起的情绪反应。通过敏感性训练，能提高学员对自己和他人行为的洞察力；了解自己在他人心目中的形象；感受与周围人群的相互关系；学习与他人沟通的方式；发展各种情况下的应变能力；等等。

敏感性训练的适用范围有：组织发展训练、人际关系训练、人格塑造训练、集体组织训练、异国文化训练等。训练的方式可以是集中训练、小组讨论、个别交流等。在训练时，要将研习人员分成小组，每组以 10~15 人为佳；指定指导人员，并确定好训练的时间、地点等；接下来，小组成员间互相认识与了解；再以 2 人为一个小组进行活动，或以 3~5 人为一小组进行分组区别交谈；要求各个受训者说明自我状态；培训者在整个过程中要指导沟通分析，并对个别人进行个人心理治疗和咨询。

6. 管理者训练法

这是最普及的管理人员训练计划，它的目的是以最大范围的综合研究方式，学习基本管理知识，进而提高管理人员的管理能力。这种训练法的培训内容以管理的基本知识、基本方法和要领为主，将管理理论和管理案例相互结合培训，可以实现规模性、系统性培训，主要适合组织中基层管理者的培训，管理内容的确定和培训教师的确定是操作核心。

## （四）态度型培训法

1. 角色扮演法

这与模拟训练法有些相似。它是在模拟工作情境中，按照应有权责担当与实际工作类似的角色，模拟性地处理工作事务。其优点有：要求学员参与，模拟场景有利于增强培训效果，能有效提升学员的社交能力、反应能力，具有高度灵活性，有助于受训者发现自身不足，提高心理素质。但是，这种方法对模拟场景的设计要求较高，而且模拟的场景始终是一种静态环境，不能与真实工作场景取得同样的效果。

角色扮演法的操作要点如下：

①通常采用一对一的方式，比如，就销售活动中经常遭遇的情形，请两个学员一个扮演客户的角色，一个扮演推销员的角色。

②讲师事先确定演练内容，过程中只要不偏离训练的主题就可以，避免中途打断，多做鼓励，让学员越自然越逼真越好。

③讲师也可以私下为演客户的学员设计一些障碍，主要是为了更好地达到训练目的，让推销员过关。

④演练一次后两人应互换角色，这样双方都可得到训练的机会。

⑤每次角色演练完，讲师首先要赞美参与的学员，并请他们谈谈体会，也可以请其他学员做评论。比如，对扮演中表现好的和不好的地方进行归纳，让其他学员提改进意见等。

⑥讲师应在学员演练过程中做些笔记，便于最后总结点评，如有必要的话，可以亲自上阵演示一番，令学员印象更加深刻。

2. 拓展训练

拓展训练通常在崇山峻岭、瀚海大川等自然环境中进行，通过精心设计的活动达到"磨炼意志、陶冶情操、完善人格、熔炼团队"的培训目的。拓展训练有场地拓展训练、野外拓展训练等不同类型。常见的经典训练项目有：背摔、断桥、天梯、攀岩、电网、求生、盲阵、结伴等等。其训练特点如下：

①投入为先。即要求学员在训练中全情投入，才能获得最大价值。

②挑战自我。所有训练项目都具有一定的难度，尤其表现在心理素质的考验上，需要学员向自己的能力极限挑战，跨越"心理极限"。

③熔炼团队。要求参训者相互帮助和协作，体现责任心与参与意识，树立相互配合、相互支持的团队精神和群体合作意识。

④高峰体验。在克服困难、顺利完成训练项目要求后，能实现一种从未体验过的、犹如站在高山之巅的兴奋与欢愉的感觉。

⑤自我教育。培训师只在训练前给学员讲清楚课程的内容、目的、要求，以及必要的安全注意事项，其他主要依靠学员自己体验和自我教育。

# 第二节 职业生涯规划与管理

## 一、职业生涯规划与管理概述

### （一）职业生涯的特点

从上述含义中，我们可以看出职业生涯具有如下特点：

1. 独特性

每个人的职业生涯都有自己的特征，具有独特性。这是因为，每个人在职业生涯方面的条件是不同的，每个人的职业理想也有差异，做出的职业选择也可能各不相同。

2. 发展性

每个人的职业生涯都是一个不断发展变化的过程，这种发展既来源于客观情况的变化，也来源于个人不断的追求。

3. 阶段性

每个人的职业生涯都具有不同的发展阶段。不同的阶段有不同的目标和任务，各个阶段之间有前后逻辑关系。

4. 整合性

人的职业生涯会受到生活和物理生涯中各种情况的影响，涵盖其人生发展的各个方面，其职业生涯的发展应整合其人生中各种资源。

5. 互动性

这是指人的职业生涯是个人与他人、个人与组织、个人与社会互动的结果。

## （二）职业生涯规划与管理概念

职业生涯规划和管理则是个人和组织对职业历程的设计、职业发展的促进等一系列活动的总和。这个过程中包含两个层面：一是个人层面，即员工个人依据自身素质对未来发展做出主动自觉的设计和规划，并根据客观情况的变化做出相应调整，促使自己成才，最大限度地实现自我价值；二是组织层面，是组织通过职业管理，协助员工规划和管理其职业生涯，通过培训、授权、入职匹配等手段，促进员工职业生涯目标的实现。

## （三）职业生涯规划与管理的意义

由于职业生涯规划与管理可以从个人和组织两个层面来理解，因此，其意义也可从两个层面来分析：

1. 对员工个人的意义

（1）激发员工不断奋斗的主观自觉性

职业生涯本身是一个动态的不断发展变化的过程，如果员工从来不对自己的职业生涯进行规划和管理，就可能会走偏方向后远远落后于他人而不自知。通过职业生涯规划和管理中职业咨询、心理测试、能力测试等手段，员工能对自己有更加清晰的认识，对自己的优点和不足、能力和爱好有更准确的认识，能根据自己的条件和未来职业的需要明确其发展目标和方向，并在目标和方向的激励下不断努力奋斗。

（2）帮助员工准确择业和进行职业调整

俗话说："男怕入错行。"如果员工对自己的职业优势和缺点一无所知或懵懵懂懂，他就很难在择业和职业调整中做出正确判断。合理的职业生涯规划和管理有助于员工对自己有正确的认识和评价，帮助他们根据自身条件和市场实际状况确定择业期望值，引导他们走出择业和职业调整误区，在职业生涯中少走弯路。

（3）提升应对竞争的能力

当今社会，职场如战场，各种各样的竞争十分激烈。要想在激烈的竞争中立于不败之地，并进一步脱颖而出，必须对自己在职业方面的各种因素有全面认知，并根据社会的发展规律提前未雨绸缪，将自己的实际情况与社会的需求紧密结合；否则，对自己和社会的发展趋势都一无所知，随便莽撞地前行一定很难成功。

2. 对组织的意义

组织之所以要加强对员工的职业生涯规划和管理工作，是因为这项工作对组织来说也是很重要的。组织进行有效的职业生涯规划和管理，至少在以下三个方面意义重大：

（1）提高组织的人力资源利用效率

组织的发展离不开人，但很多组织却不知道怎么利用好人。如果任由员工个人随意发展，而不对其职业生涯进行规划和管理，员工的个人职业生涯可能就会和组织的发展方向相偏离，使组织在需要相应人力资源的时候，却无法实现自给自足。虽然通过外部招聘或许也能满足对人力资源的需求，但那毕竟有较高的风险和成本。组织通过员工职业生涯规划和管理，可以使其清晰知道未来哪些职位可能会出现空缺、哪些人才可以迅速弥补，这无疑有利于提高人力资源的利用率。

（2）有助于提高员工的满意度

员工满意度是衡量组织管理工作成功与否的重要指标，高满意度的员工会减少工作的流动性，减少组织人力资源的流失率。通过对员工的潜能评价、辅导、咨询、规划和培训等，组织为员工提供了更大的发展空间，使他们的职业发展更有目的性。这样，组织能通过职业生涯的规划和管理提高员工的满意度。

（3）实现组织与员工的双赢

不仅员工要发展，组织本身也是要发展的。组织不同的发展阶段所需要的人力资源会有所差别，如果员工的职业生涯发展能和组织的发展同步，那么组织中的人力资源成本就会降低，而同时员工的职业生涯也会得到更高阶段的发展。因此，通过职业生涯规划和管理，组织能提高员工的能力和经验，增强他们应对变化的自信心和实际能力，使他们对组织的发展做出更大的贡献。

同时，员工的职业生涯规划和发展对于全社会来讲也是有好处的，能增进全社会的就业，确保社会的稳定运行。

## 二、个人和组织的职业生涯规划与管理

### (一) 个人职业生涯规划和管理

1. 个人职业生涯规划和管理的含义

个人职业生涯规划是指个人在自身情况和环境分析的基础上,确立自己的职业目标,获取职业、选择职业、为实现目标制订行动计划和方案的过程;个人职业生涯管理则包括计划和方案的实施与控制过程。

事实证明,个人的职业生涯是一个逐渐成长的有机过程,个人所面临的内外情况也是在不断变化发展的。因此,个人职业生涯规划和管理就不可能是一个瞬间的过程,而是会随时根据实际情况的变化而不断对职业生涯做出调整,会伴随个人职业生涯的全过程。

2. 影响个人职业生涯规划和管理的因素

个人职业生涯规划具有明显的个性化特征,不同的人在进行职业生涯规划和管理时所考虑的因素是不同的。大体来说,根据这些因素来自个人内部还是来自外部,我们可以将这些因素分为外部因素和内部因素。个人在进行职业生涯规划和管理时,要加强对这些因素的重视。

(1) 外部因素

外部因素是指个人自身之外对职业生涯规划和管理产生影响的那些因素,可分为社会因素、组织因素、家庭因素和随机性因素。

①社会因素

社会环境是个人生命活动的大舞台,会对个人的职业生涯产生重要影响。

从宏观层面来看,社会因素主要有政治状况、经济发展水平、科技发展进步、传统文化、习俗习惯、人才供求状况、社会分工、职业变化趋势、生态人文环境乃至国际环境情况等。它涉及社会对人们求职的管理体制、对职业的社会评价与社会认同度、有关职业的社会政策等大环境。这些因素会对社会的整体职业状况产生影响,带来职业岗位的随机性与波动性,进而影响人们对职业的认定和选择,影响人们的职业生涯规划。

从微观层面来看,社会因素主要有个人所在的城市、社区、朋友圈及与自己交往密切的那些群体。他们会对个人的职业生涯产生示范、价值观等方面的作用,也是个人职业生涯规划和管理中的信息来源、经验来源,直接影响着个人职业生涯规划和管理的各个方面。

②组织因素

组织会对个人的职业生涯规划和管理产生重要影响,因为它是个人职业生涯的平台,这个平台的高度,决定了个人职业生涯的高度。

与个人职业生涯规划和管理有关的组织因素主要有组织文化、组织结构和组织对员工职业生涯的管理等。不同的组织文化有不同的价值观、行为规范和风俗习惯,对组织中各成员的行为有着强有力的约束作用。组织结构涉及分工、协作和岗位设置,员工被安置在不同岗位上会有不同的表现。同时,组织能为员工的职业生涯发展提供多少指导和帮助、创造怎样的条件等,都会对个人的职业生涯产生很重要的影响。

③家庭因素

家庭是个人职业生涯规划和管理的重要影响因素。个人无法选择自己的出身和家庭,但家庭环境却会对个人的各方面素质产生深远影响。比如个体的价值观、态度、行为模式等,都首先会受到家庭的影响,而这些又往往会左右个人的职业选择和发展。

此外,还有一些随机性因素,也会对人的职业生涯产生影响。比如,一些原本打算做医生的人,因为战争爆发选择了从军;一些原本打算从商的人,因为经济危机的爆发选择了做教师;等等。

(2) 内部因素

内部因素存在于个人自身,主要包含个人特质、个人经验两个方面。

①个人特质

个人特质又包括生理特质和心理特质两个方面。

生理特质是指人们先天获得的各种生理特质,如性别、体形、体质、外貌等。很多职业和岗位都对人的身体特质提出了要求。比如,一般公关人员都有较好的相貌,长相太丑的人难以从事教师行业,公安人员要有较好的体质,运动员的体质要求则更高;在性别方面,大多数司机和快递员都是男性,而多数文员都由女性担任。

心理特质是指个体的心理因素,如兴趣、性格、自我认知、价值观、意志等。不同的人的兴趣不同,有些人喜欢从事与人打交道的工作,而有些人则渴望远离人群;有些人深沉冷静,有些人热情奔放;有些人总是能客观处理事情,有些人则喜欢感情用事;有些人看重经济价值,有些人重视理性价值,有些人重视社会价值;等等。总之,每个人的心理特质都会对其职业生涯产生重要影响。

②个人经历、经验

除了个人的生理和心理特质外,个人的经历、经验也会影响其个人择业和职业管理。这些因素主要包括个人的受教育经历、工作经历、社交活动、社会技能等方面。受教育状况决定了个人的知识和能力水平，决定了他们可以与哪些职位相匹配；曾经失败的工作经历会让人认识到自己可能不适合那些行业，从而对其职业做出调整。人们在决策中总是会将曾经的经历作为评判的标准之一，因为经验能提供一些教训。

3. 职业生涯规划和管理的原则

（1）择业的原则

在择业时，应当遵循的原则有：择己所爱，择己所长，择世所需，择己所利。

所谓择己所爱，是指在择业时应当选择自己喜欢的职业。俗话说："兴趣是最好的老师。"如果所选择的职业是自己所不喜欢的，那么就很难获得成功。

所谓择己所长，是指做自己擅长的事。每个人都有自己的优点和缺点，在择业时，应当将自己的优点与职业相结合，而不要勉强去做那些自己根本不擅长、做不好的事情。

所谓择世所需，是指在择业时应当考虑所选择职业的前途，时代的需要和发展趋势决定了哪些行业是朝阳行业、哪些是夕阳行业，只有选择朝阳行业，才更容易获得成功。

所谓择己所利，是指在择业时，要考虑这个职业能否为自己带来预期收益的最大化，当然这种收益并不仅仅指经济收益，也包括社会地位、成就感等诸多因素。

（2）管理的原则

在进行个人职业生涯规划和管理时，通常应当遵循以下原则：

①可行原则

即自己所制订的职业生涯规划和管理方案是可行的。这主要是考察方案与自身情况和客观情况是否相匹配，能否在现实中行得通。

②挑战性原则

为了职业生涯有更大的发展和进步，在进行规划和管理中设置目标时，应当将目标设置得比自己的现有能力高一些，做到"跳一跳，够得着"；否则，容易让人安于现状。但是，挑战性不是说目标越高越好，如果跳了后，还是够不着，同样是失败的管理。

③动态性原则

职业规划和管理不是一蹴而就的事，也不是一次性就能完成的工作。随着个体自身情况的变化和外在环境的变化，个人的职业生涯所面临的客观情况也必然发生变化，因此，就需要根据新的情况做出新的调整。

④阶段性原则

不同的阶段应有不同的任务，其规划和管理的重点工作也有所不同。因此，在进行职业规划和管理时，必须充分认识到自己正处于职业生涯中的哪一个阶段，根据这个阶段的特点来进行规划和管理。

⑤可评估原则

职业生涯的规划和管理是需要评估的，通过评估方能对自己前期的规划和管理工作的效果进行认识。所以，在规划和管理时，对规划和管理的目标要明确、措施要具体、各阶段的时间界限应明确，以方便检查和评估。

4. 个人职业生涯规划和管理的步骤

处于不同阶段的个体，在进行职业生涯规划和管理方面的工作重点是有所不同的。一个完整的个人职业生涯规划和管理应当包括确立志向、自我评估、职业机会评估、确定职业目标、制订行动方案、评估与反馈等六个步骤。

（1）确立志向

职业是人生历程的一部分，职业生涯的规划与管理必须考虑个人的人生目标是什么，在总体人生目标下，职业志向是什么。志向对于人的生命要达到的终极目标进行了确认，人的很多活动轨迹都以这个志向为指引。对于学生等尚未进入工作岗位的人来说，确立志向有助于其在职业生涯规划中有更加明确的方向；对于已经有工作经历或正处于某个职业中，但是却不明志向的人来说，重新明确志向有助于其今后职业生涯轨迹的科学规划。

（2）自我评估

在明确了志向后，个体需要对自己进行全面评估，对自己有充分认识，方能为明确的职业选择和管理打下基础。自我评估一般包括两个步骤：一是全面分析自己的兴趣、爱好、价值观、特长、需求和动机等因素；二是分析这些因素中有利于自己职业发展的和不利于自己职业发展的因素，也就是弄清楚自己的优劣势，这样才能在职业生涯规划和管理中扬长避短、增强措施的可行性。

（3）职业机会评估

职业机会评估主要是个体对所处的环境进行分析，看环境中给予了自己哪些机会和危机，从而确定哪些领域是可以进入的、哪些领域是没有多少前途的。这主要包括以下两个层面的分析：一是从社会宏观领域分析，主要分析和评价社会中的那些朝阳产业和夕阳产业，分析国家的宏观经济政策和产业发展趋势，防止自己进入没落行业；如果正处于没落行业的则要想办法赶紧调整职业生涯的方向。二是从微观层面分析，主要是分析家庭、组织、社会圈层等情况，虽然同处于一个行业中，但是有些组织规模大、实力雄厚，重视对员工的人力资本投入，这些组织中员工的职业生涯可能进步更快；而另一些组织管理混乱，领导者没有水平、丝毫不关心下属的职业成长，那么处于其中的员工应当考虑换一个平台。

(4) 确定职业目标

在确定目标时，可以依据 SMART 原则，即目标应当是具体的（Specific）、可以衡量的（Measurable）、可以达到的（Attainable）、与兴趣和职业定位有一定的相关性（Relevant）、具有明确的截止期限（Time-bound）的。

在确定目标时，可以将长期目标、中期目标和短期目标紧密结合，并从不同的角度分别设立具体目标，形成一个科学合理的目标体系。

(5) 制订行动方案

有了目标后，需要将目标转化成具体的行动方案。这个过程中，要对职业选择、职业生涯的发展路线、相应的教育和培训计划等进行详细规划，通过具体行动和措施的制定，来确保目标的实现。所制订的行动方案要尽可能具体、明确，以便定期检查落实情况，对比现实和目标的差距，进而实行有效的调控和管理。

(6) 评估与反馈

在个体职业生涯的发展中，个体也在不断成熟。一方面，外界的客观环境也在发生改变，这一切都可能导致之前所制订的职业生涯方案和路线与客观情况不符；另一方面，曾经制订的方案本身可能也存在问题，这需要在方案执行过程中不断审视其执行效果，并对结果予以反馈，根据反馈的结果重新进行自我评估、职业评估，并对整个方案进行修订。

## （二）组织的职业生涯规划和管理

1. 组织职业生涯规划和管理的含义

组织职业生涯规划和管理是指组织对员工从事的职业进行一系列的计划、组织、领导和控制等管理活动，以实现组织目标和个人发展的有机结合。与个人的职业生涯管理相比，组织的职业生涯规划和管理是站在组织的视角展开的。

2. 组织职业生涯规划和管理的内容

组织职业生涯规划和管理是对员工的职业发展进行引导，帮助员工制订职业生涯发展规划，为员工职业目标的实现提供机会、创造条件等。具体内容包括以下三个方面：

(1) 协调组织目标和员工目标的融合

在组织发展中，组织成员的目标若能和组织目标相一致，能形成巨大的凝聚力，有助于组织目标的实现；反之，若每个员工的目标都和组织的目标不一致，甚至出现相背离的情况，那么成员的努力就很难形成合力，组织目标的实现也就难以达成。因此，组织职业生涯规划和管理的首要内容，就是将员工的目标与组织的目标融合，使多方努力能形成同一个方向的力量。

（2）指导员工制订职业发展规划

除了要让员工的个人职业规划和组织目标保持一致外，组织还需要对员工的个人职业生涯规划与管理进行指导。组织的指导常通过以下三种途径实现：一是通过人力资源管理者或外聘专家进行职业发展规划咨询，为员工职业发展规划的制订提供理论和政策指导；二是给员工提供有关职业生涯的自测工具，帮助员工进行能力及个人特质方面的测试，让员工对自己有更加全面和准确的认识，为其科学合理地制订职业生涯规划做准备；三是在全面了解员工需求、个性、能力和专长的基础上，为员工提供有价值的职业发展建议，帮助员工分析晋升和调动等方面的可能性。

（3）为员工实现职业目标提供条件

相对帮助员工设计职业生涯规划而言，组织在帮助员工实现职业发展目标方面需要做更多的工作，创造更多的条件。常见的工作如下：

①招聘中以动机和兴趣为重

在招聘环境中应更重视应聘者的职业兴趣和职业愿望，对那些学历、技能、经验看起来不错但工作动机不强的应聘者应慎重考虑。只有这样，才能为他们安排合适的工作岗位，有助于他们未来的职业发展。

②为员工提供阶段性的工作轮换

这样做的好处是，一方面，能让员工获得更多技能，拓宽视野，为自己未来职业的发展奠定基础；另一方面，也能使员工尝试更多的职位，增加他们对新岗位的了解和认知，并结合自身情况，对自己在岗位方面的选择进行评价。

③开展多元化和多层次的培训

培训不仅仅能实现入职匹配，使员工与岗位的要求更符合，也与员工未来的职业发展紧密相关。有远见的组织通常会在结合组织自身发展的基础上，对未来组织所需要的人力资源进行预测，并结合现有人力资源的状况开展有针对性的培训和开发。

④在绩效考核方面重视职业发展导向

很多组织在绩效考核方面只看重员工的短期成绩和即时表现，而忽略了员工的长远发展能给组织带来的好处，这不仅对个人的发展不利，也不利于组织的长远发展。在组织的绩效考核中，要将职业发展的目标考虑进来，在确保组织目标实现的基础上激励员工不断进取，促进组织整体人力资源的开发。

⑤科学的岗位配置和晋升

职位晋升和岗位的合理安排，是员工职业发展的直接表现和主要途径，组织有必要建立合理的晋升和调动的管理机制，保证员工得到公平竞争的机会和不断发展进步的可能。

3. 分阶段的职业生涯管理

每个人的职业生涯历程都可分为多个阶段，其在组织中的成长也同样如此。对于不同阶段的组织成员来说，组织对其职业生涯的管理有所不同。

（1）职业生涯早期

这是指员工初次进入组织中，尤其是青年人步入社会、参加工作的5年时间以内。在这个阶段，很多青年人朝气蓬勃、富有激情和奋斗精神，但是往往目标不明、心态不稳。对于组织来说，这个阶段的工作主要是对其多加引导，使其完全融入组织中来。具体来说，这个阶段的工作有以下四类：

①客观地招聘

在招聘时，应当将组织的所有真实情况和职位的未来成长空间告诉应聘者，不对组织做过度美化，以避免其对未来的工作产生不切实际的期望。事实表明，有很多应届毕业生的离职，都与其过高的期望和现实不一致有关。

②对新员工进行上岗引导和岗位配置

新员工的上岗引导是将组织的有关信息和工作信息，包括组织的宗旨和目标、组织文化、组织结构、组织岗位设置、工作机制、待遇和薪酬福利等信息传递给新员工，增强员工对组织的认识和了解，对其将要工作的地方有熟悉的感觉并建立起初步的感情。然后，要将新员工安排到一定的岗位中，介绍其主管和同事，由其所在部门进一步带领其熟悉新岗位。在新员工初步入职阶段，人力资源部门和其所属部门要让员工尽快熟悉组织和工作，并逐步接受组织的价值观和目标。

③为新员工提供富有挑战性的工作

如果第一份工作是富有挑战性的，对于成员的未来职业成长是极有好处的。分配给新员工一项富有挑战性的工作，帮助他们学会如何工作，并对其潜能进行考查和测评；根据新员工的工作表现来设计职业生涯规划，这对组织的发展和员工未来的发展都会产生积极的影响。

④提供职业帮助并严格管理

组织应对新员工采取帮助，有条件的企业应为其配备一名有经验的老员工作为工作导师，为新员工提供指导、训练、忠告等，帮助新员工尽快熟悉各种工作，走上职业发展快车道。同时，组织还应当对员工实行严格管理，以高标准促进其高水平地展开工作。

当然，组织也应当在新员工的个人职业生涯规划和管理方面给予指导，使他们重视职业生涯规划和管理工作，明确自己的职业锚，形成较为现实的职业目标，制定科学合理的职业生涯规划路线。

(2) 职业生涯中期阶段管理

职业生涯的中期阶段较长，年龄一般在 25~50 岁。这是个富于变化的阶段，既可能积累了丰富的经验，逐步甚至迅速走向职业巅峰，也有可能出现职业危机，产生职业倦怠感等。因此，这个阶段的组织职业生涯管理的主要目的，是采取措施促成员工在职业生涯方面的成功，预防和补救职业生涯中的危机。通常需要开展的重要工作如下：

①提供多种教育和培训机会，帮助员工学习和发展

无论是促其成功，还是预防职业危机出现，对员工提供多种教育和培训机会都是必需的。通过人力资源开发工作，能提高员工的素养和能力，始终保持员工具备职业发展所需要的技能和素质，保证员工不断向上发展。

②实施工作丰富化和扩大化，防止工作疲顿倾向

如果一项工作长时间周而复始，可能会让人产生疲顿感。为此，应实时开展工作丰富化、工作再设计，实施工作轮换，在现有工作中增加富有挑战性的内容等，以此来重新激活员工的工作奋斗干劲，促使其不断成长。

③建立内部晋升计划，畅通职业通道

每一个职位都应当有前途，如果一个员工发现自己只能停留在一个基层岗位，并且这个岗位没有任何成长空间，很难想象他会继续在这个岗位上持续努力。因此，组织应当建立科学的内部晋升计划，确保职业通道畅通。在这个方面，可引入双重或多重晋升阶梯，为员工创造多种职业发展道路。

④改善工作环境，预防职业生涯中期危机

工作环境和条件对员工的发展具有重要影响。组织的硬件环境如厂房、设备、卫生状况、绿化程度和工作场所情况，会对员工的身心健康产生直接影响；组织的软环境如组织文化、人文关怀、劳动关系等，会对员工的进取心、归属感和工作积极性产生重要影响。组织能提供良好的工作环境，有利于员工产生愉快的工作经历，对职业产生满足感，能有效预防中期危机的出现。

(3) 职业生涯后期管理

这是指员工临近退休时这一阶段的职业生涯管理。这个阶段的员工心态非常复杂，对于其中的一部分人来说，他们可能会很盼望退休，因为退休后就可以享受多年来的劳动果实，并能轻松地享受休闲时光；而另一些人却可能很烦恼，他们不愿意放弃眼前的成就，害怕忽然从每天的忙碌陷入无所事事。因此，这个阶段的职业生涯管理着重是帮助他们形成良好的心态，平稳度过这一阶段。这个阶段的主要工作如下：

①提供心理辅导和帮助

组织可以通过召开座谈会、闲聊等方式，了解这部分临近退休人士的想法，并开展多种形式的心理干预和辅导，确保他们对退休生活有正确的认识。

②制订退休计划，做好退休安排

退休计划是组织帮助员工结束职业工作、适应退休生活的计划和安排。良好的退休计划，能尽快帮助员工顺利适应退休生活，既能保证员工心理健康，又能保持组织员工的正常新陈代谢，为组织提供更多的工作岗位和晋升机会。

③做好新旧工作的交接与衔接，确保组织工作顺利进行

随着老员工的退休，新员工必然会补充进来，否则组织将难以正常运转。在这个阶段中，组织应采取多种形式对接替员工进行培训，帮助其顺利接岗。此时，可以动员老员工发挥余热，让老员工培养新员工，在工作交接中担当良师的角色，为组织的发展做出别人无法替代的贡献。

④做好退休后的计划和安排

可以对退休人员做好退休后的计划和安排，比如，安排他们进入老年大学、发展兴趣和爱好，加强他们与组织的持续沟通和交流，向他们征询组织的发展意见，关心他们的退休生活，帮助他们解决生活中的困难和问题，丰富他们退休生活。如果员工的身体和家庭情况许可，也可以邀请他们担任组织的兼职、顾问，发挥其余热。

# 第四章 薪酬管理

## 第一节 薪酬管理概述

### 一、与薪酬有关的几个基本概念

#### (一) 报酬

在为一个组织或一位雇主工作的时候,劳动者之所以愿意付出自己的劳动、时间、技能等,是因为他们期望自己能够获得与个人劳动价值相符的回报。通常情况下,我们将一个员工因为为某个组织工作而获得的所有各种他认为有价值的东西统称为报酬(reward)。

可以用两种不同的方式来对报酬进行分类:一种方法是将报酬划分为经济报酬(financial reward)和非经济报酬(non-financial reward),另一种方法是将报酬划分为内在报酬(intrinsic reward)和外在报酬(extrinsic reward)。经济报酬和非经济报酬之间的界线是,某种报酬是不是以金钱形式提供的,或者能否以货币为单位来加以衡量。经济报酬通常包括各种形式的薪酬和福利(其中,薪酬又被称为直接报酬,福利又被称为间接报酬)。而非经济报酬则包括成长和发展的机会、从事富有挑战性的工作的机会、参与决策的机会、特定的个人办公环境、工作地点的交通便利性等。内在报酬和外在报酬之间的区别在于,某种报酬对劳动者所产生的激励是一种外部刺激,还是一种发自内心的心理激励。

#### (二) 薪酬

薪酬显然是报酬的一部分,但是对于薪酬到底应包含哪些报酬,目前并无完全一致的定论。对于薪酬的概念,通常可以划分为以下三类:

第一种是宽口径的界定,即将薪酬等同于报酬,即员工由于完成了自己的工作而获得的各种内在的报酬和外在的报酬。

第二种是中等口径的界定,即员工因为雇佣关系的存在而从雇主那里获得的各种形式的经济收入及有形服务和福利。这一概念包括薪酬(直接经济报酬)和福利(间接经济报酬)。

第三种是窄口径的界定,即薪酬仅仅包括货币性薪酬(基本薪酬和激励薪酬或浮动薪酬之和),而不包括福利。

### (三) 总薪酬

总薪酬有时也称为全面薪酬,概括了各种形式的薪酬和福利,其中,包括基本薪酬、津贴和补贴、福利、股票和股权等其他多种经济性报酬。

1. 基本薪酬

基本薪酬根据员工的职位、所承担的职责、所需要的技能等因素决定,常常忽视员工之间的个体差异。基本薪酬是员工能获得的稳定报酬,是员工收入的主要部分,也是计算员工其他收入,如绩效加薪、某些重要福利的基础。假设某企业实行工时定额的某流水线操作工,每一个工时的工资是10元,操作工的基本薪酬所得就取决于工作时间的长短,平时加班将按该标准的150%、周末按200%、节假日按300%支付。

绩效加薪也属于基本薪酬的范畴,是根据员工工作绩效确定的基本薪酬的增长,许多企业有类似的规定,在年度绩效评估中被评为优秀的员工,会在下一年获得基本薪酬增加10%~20%的待遇。

2. 津贴和补贴

津贴和补贴是对工资制度的补充,是对雇员超额劳动或增收节支的一种报酬形式。津贴是指对工资或薪水等难以全面、准确反映的劳动条件、劳动环境等对员工身心造成的某种不利影响,或者为了保证员工工资水平不受物价影响而支付给员工的一种补偿。人们常把与员工生活相联系的补偿称为补贴,如:交通补贴、住房补贴、生育补贴等,津贴与补贴常以货币形式支付给员工。

3. 福利

福利分为法定福利和非法定福利。员工福利同基本薪酬一样是员工的劳动所得,属于劳动报酬的范畴,但这不同于基本薪酬,其不同表现在以下方面:①基本薪酬是按劳付酬,员工之间的基本薪酬存在差别,而员工福利是根据用人单位、工作和员工的需要支付,员工之间的福利差别不大;②基本薪酬是直接的劳动力再生产费用,而员工福利是间接的劳动力再生产费用;③基本薪酬金额与岗位需求和劳动素质相关,而员工福利则与之无关;④基本薪酬作为人工成本随工作时间的变化而发生变化,而员工福利作为人工成本则随人数的变化而变化,有些福利项目从利润中支付,不列入成本;⑤基本薪酬具有个别性、稳定性，而员工福利则具有集体性和随机性。

4. 股票和股权

股票和股权是一种新型的薪酬形式。前者是企业员工持有企业的股票，后者是一种权利。股权是将企业的一部分股份作为薪酬授予员工，使员工成为企业的股东，享有同股东一样的分红权。

## 二、薪酬的作用

### （一）员工方面

1. 经济保障功能

薪酬是员工以自己的劳动、时间和技能的付出为企业创造价值而获得的回报，是他们的主要收入来源，对于员工及其家庭生活起到的保障作用是其他任何收入保障手段所无法替代的。薪酬对于员工的保障并不仅仅体现在满足员工在吃、穿、用、住和行等方面的基本生存需要，同时，还体现在满足员工娱乐、教育和自我开发等方面的发展需要上。总之，薪酬水平的高低对于员工及其家庭的生存状态和生活方式所产生的影响是非常大的。

2. 激励功能

员工对薪酬状况的感知可以影响员工的工作行为、工作态度及工作绩效，即产生激励作用。研究发现，人在没有科学的激励下只能发挥能力的20%~30%，而在合理的激励下则发挥其能力的80%~90%，也就是说，一个人被充分激励之后发挥的作用相当于之前的3~4倍。激励是管理的核心，而薪酬是激励的主要因素。总薪酬中的绩效加薪或激励薪酬（奖金）都属于激励性薪酬，它直接影响着员工的工作绩效。

3. 社会信号功能

薪酬作为一种信号，可以很好地反映一个人在社会流动中的市场价值和社会位置，还可以反映一个人在组织内部的价值和层次，可见，员工薪酬水平的高低除了具有经济保障功能以外，还向他们传递一种信号，人们可以根据这个信号来判断员工的家庭、朋友、职业、受教育程度、生活状态等。

## （二）企业方面

1. 促进战略实现，改善经营绩效

员工是组织的基础，组织如果没有员工就无法实现经营管理，无法达到组织制定的目标，也无法实现组织的战略，而薪酬是引进、保留和激励员工的重要手段，因此，薪酬是促进组织战略实现的基础。另外，由于薪酬决定了现有员工受到激励的状况，影响他们的工作效率、缺勤率、对组织的归属感及对组织的承诺度，从而直接影响企业的生产能力和生产效率。通过合理的薪酬设计，企业可以向员工传递企业期望的行为、态度和绩效，通过这种信号的引导，员工的工作行为和态度及最终的绩效将会朝着企业期望的方向发展，从而改善企业的经营绩效。

2. 塑造和增强企业文化

薪酬影响员工的工作行为和工作态度。一项薪酬制度可能促进企业塑造良好的文化氛围，也可能与企业现有的价值观形成冲突。比如，企业实行的是以个人绩效为基础的激励薪酬的方案，那么企业就容易强化个人主义的文化氛围；反之，企业实行的是以团队绩效为基础的激励薪酬方案，那么企业就会形成支持团队的文化氛围。薪酬的导向作用要求企业必须建立科学合理并具有激励性的薪酬制度，从而对企业文化的塑造起到积极的促进作用。

3. 成本控制功能

薪酬是企业的人力资源成本，尽管人力资源成本在不同行业和不同企业的总成本中所占的比重不同，但对于任何企业来说，薪酬都是不容忽视的成本支出，因此，有效地进行薪酬管理，控制薪酬成本对大多数企业的成功来说具有重大的意义。

4. 支持和推动企业变革

面临竞争激烈的经营环境，企业的变革已经成为企业经营过程中的一种常态，企业如果不变革将很快被淘汰，所以，企业为了适应这种状态，需要重新设计战略、流程再造、调整组织结构、变革文化、设计团队等。这一切都离不开薪酬，因为薪酬可以通过影响个人、工作团队和企业整体来创造出与变革相适应的内外部氛围，从而推动企业变革。

## 三、影响薪酬的因素

在市场经济条件下，薪酬管理活动受内外部许多因素的影响，为了保证薪酬管理的有效实施，必须对这些影响因素有所认识和了解。一般来说，影响企业薪酬管理的各项决策的因素主要有三类：一是企业外部因素；二是企业内部因素；三是员工个人因素。

## （一）企业外部因素

### 1. 国家法律法规与政策

国家法律法规与政策对企业行为具有强制性的约束作用，因此，企业在进行薪酬管理时应当首先考虑这一因素，在法律法规与政策规定的范围内进行薪酬管理。例如，政府的最低工资立法规定了企业支付薪酬的下限，社会保险法律规定了企业必须为员工缴纳一定数额的社会保险费。

### 2. 劳动力市场状况

按照经济学的解释，薪酬就是劳动力的价格，它取决于供给和需求的对比关系，在企业需求一定的情况下，当劳动力市场紧张，造成劳动力资源供给减少，劳动力资源供不应求的时候，劳动力价格就会上涨，此时，企业要想获取必要的劳动力资源，就必须相应地提高薪酬水平；反之，企业可以维持甚至降低薪酬水平。

### 3. 物价水平

薪酬最基本的功能是保障员工的生活，因此，对员工来说更有意义的是实际薪酬与物价水平的比率。当整个社会的物价水平上涨时，为了保证员工的实际生活水平不受或少受影响，支付给他们的薪酬相应地也要调整。

### 4. 其他企业的薪酬状况

其他企业的薪酬状况对企业薪酬管理的影响是最为直接的，这是员工进行横向公平性比较时非常重要的一个参考因素。当其他企业，尤其是竞争对手的薪酬水平提高时，为了保证外部的公平性，企业也要相应地提高自己的薪酬水平；否则，就会造成员工的不满意甚至流失。

## （二）企业内部因素

### 1. 企业的经营战略

薪酬管理要服从和服务于企业的经营战略，不同的经营战略下，企业的薪酬管理也会不同。如表4-1所示。

表 4-1　不同经营战略下的薪酬管理

| 经营战略 | 经营重点 | 薪酬管理 |
| --- | --- | --- |
| 成本领先战略 | 1. 一流的操作水平<br>2. 追求成本的有效性 | 1. 重点放在与竞争对手的成本比较和提高激励薪酬的比重上<br>2. 强调制度的控制性、具体的工作说明和生产率 |
| 创新战略 | 1. 产品领袖<br>2. 向创新性产品转移<br>3. 缩短产品生命周期 | 1. 奖励在产品及生产方法方面的创新<br>2. 以市场为基准的工资<br>3. 弹性/宽泛性的工作描述 |
| 客户中心战略 | 1. 紧紧贴近客户<br>2. 为客户提供解决问题的办法<br>3. 加快营销速度 | 1. 以顾客满意作为奖励的基础<br>2. 以顾客进行工作评价或技能评价 |

企业处于不同的发展阶段时，其经营重点和面临的外部环境是不同的，因此，在不同的发展阶段，薪酬形式也是不同的，如表 4-2 所示。

表 4-2　企业不同发展阶段下的薪酬管理

| 企业发展阶段 | | 开创 | 成长 | 成熟 | 稳定 | 衰退 | 再次创新 |
| --- | --- | --- | --- | --- | --- | --- | --- |
| 薪酬形式 | 基本薪酬 | 低 | 中 | 高 | 高 | 高 | 中 |
|  | 激励薪酬 | 高 | 高 | 中 | 低 | 无 | 高 |
|  | 福利 | 低 | 低 | 中 | 高 | 高 | 低 |

2. 企业财务状况

薪酬是企业的一项重要开支，因此，企业的财务状况也会对薪酬产生重要影响，良好的财务状况，可以保证薪酬水平的竞争力和薪酬支付的及时性。

## （三）员工个人因素

1. 员工所处的职位

在目前主流的薪酬管理理论中，这是决定员工个人基本薪酬及企业薪酬结构的重要基础，也是内部公平性的重要体现，职位对员工薪酬的影响并不完全来自级别，而主要是职位所承担的工作职责及对员工的任职资格要求。

2. 员工的绩效表现

员工的绩效表现是决定其激励薪酬的重要基础，在企业中，激励薪酬往往与员工的绩效联系在一起，它们具有正相关关系。总的来说，员工的绩效越好，其激励薪酬就会越高。此外，员工的绩效表现还会影响其绩效加薪，进而影响基本薪酬的变化。

### 3. 员工的工作年限

工作年限主要有工龄和司龄两种表现形式，工龄是指员工参加工作以来的整个工作时间，司龄是指员工在本企业中的工作时间。工作年限会对员工的薪酬水平产生一定的影响，一般来说，工龄和司龄越长的员工，薪酬的水平也会相应地越高。

## 四、薪酬的基本决策

### （一）薪酬体系决策

薪酬体系决策的主要任务是确定组织决定员工基本薪酬的基础是什么。当前，国际上通行的薪酬体系主要有三种，即职位薪酬体系、技能薪酬体系及能力薪酬体系，其中，职位薪酬体系的运用最为广泛。所谓职位薪酬体系、技能薪酬体系及能力薪酬体系，顾名思义，就是指组织在确定员工的基本薪酬水平时所依据的分别是员工从事的工作自身的价值、员工自身的技能水平及员工所具备的胜任能力。其中，职位薪酬体系是以工作和职位为基础的薪酬体系，而技能和能力薪酬体系则是以人为基础的薪酬体系。职位薪酬体系、技能薪酬体系和能力薪酬体系之间的区别如表4-3所示。

表4-3 职位薪酬体系、技能薪酬体系和能力薪酬体系之间的区别

|  | 职位薪酬体系 | 技能薪酬体系 | 能力薪酬体系 |
| --- | --- | --- | --- |
| 薪酬基础 | 以员工所在的职位为基础 | 以员工掌握的技能为基础 | 以员工的能力为基础 |
| 价值决定 | 职位价值的大小 | 技能的多少 | 能力的高低 |
| 设计程序 | 工作分析和工作评价 | 技能等级的分析与认定 | 能力要素分析与评价 |
| 工作变动 | 薪酬随着职位变动 | 薪酬保持不变 | 薪酬保持不变 |
| 培训作用 | 是工作需要而不是员工意愿 | 增加工作技能和报酬 | 增加工作能力和报酬 |
| 员工晋升 | 需要有空缺的职位 | 通过技能认证 | 通过能力测试 |
| 员工关注 | 追求职位的晋升以获得更高的报酬 | 追求工作技能的积累 | 寻求能力的增多或提升 |
| 优点 | 按职位系列进行薪酬管理，比较简单、稳定，节约成本 | 鼓励员工持续学习新技能，优秀专业人才能安心本职工作 | 员工有更多的发展机遇，鼓励员工自我发展 |
| 缺点 | 员工晋升无望时会消极怠工，不利于激励员工，不灵活 | 培训费用和薪酬增加，技能薪酬设计较复杂 | 能力不等于业绩，能力的界定与评价相当难 |

## （二）薪酬水平决策

薪酬水平是指组织中各职位、各部门及整个组织的平均薪酬水平，薪酬水平决定了组织薪酬的外部竞争性。企业的薪酬水平越高，其在劳动力市场上的竞争力就越强，但是相对来说成本也会越高。在传统的薪酬管理中，企业关注的是整体薪酬水平，目前，企业关注整体薪酬水平的同时，也开始关心不同企业各职位薪酬水平的比较。企业在确定薪酬水平时，通常可以采用四种策略：领先型策略、匹配型策略、拖后型策略、混合型策略。如表4-4所示。

表4-4　薪酬水平策略的类型

| 类型 | 特点 |
| --- | --- |
| 领先型策略 | 薪酬水平高于市场平均水平；企业的薪酬相对而言比较有竞争力，成本相对来说较高 |
| 匹配型策略 | 薪酬水平与市场平均水平保持一致；企业的薪酬相对而言竞争力中等，成本也是中等 |
| 拖后型策略 | 薪酬水平要明显低于市场平均水平；企业的薪酬竞争力弱，但成本比较低 |
| 混合型策略 | 针对企业内部的不同职位采用不同的策略，如：对关键职位采用领先型策略，对辅助性职位采用匹配型策略，而对一线员工则采用拖后型策略 |

## （三）薪酬构成决策

薪酬构成是指在员工和企业总体的薪酬中，不同类型薪酬的组合方式。对企业而言，基本薪酬、激励薪酬（奖金）与间接薪酬（福利）都是经济性支出，但这三种薪酬的作用又不完全相同。基本薪酬在吸引、保留人员方面效果比较显著；激励薪酬在激励人员方面效果比较显著；间接薪酬在保留人员效果方面比较显著。根据这三者所占比例的不同，可以划分为三种模式：高弹性薪酬模式、高稳定薪酬模式和调和型薪酬模式。高弹性薪酬模式是一种激励性很强的薪酬模式，激励薪酬是薪酬的主要组成部分；高稳定薪酬模式是一种稳定性很强的薪酬模式，基本薪酬占主导地位，激励薪酬占较少比重；调和型薪酬模式兼具激励性和稳定性，基本薪酬和激励薪酬所占比例基本相当。

## （四）薪酬结构决策

薪酬结构指企业内部的薪酬等级数量，每一等级的变动范围及不同薪酬等级之间的关系等。薪酬结构反映企业内部各个职位之间薪酬的区别，对员工而言，具有重要的价值。

在薪酬管理中，会根据员工的职位（或者能力）确定员工的薪酬等级，这一等级确定后，员工的薪酬也就基本确定了。薪酬结构的设计会直接影响员工的薪酬，以及今后员工薪酬变动的可能性与区间。因此，企业的薪酬结构设计得比较合理时，会对员工的吸引、保留与激励产生积极作用；反之，则会带来负面影响。

## 第二节 薪酬设计与激励薪酬

### 一、薪酬设计

#### （一）薪酬设计的原则

1. 公平性原则

根据公平理论，员工会进行两个方面的比较：一是会将自己的付出与回报进行比较，二是会将自己的付出回报比与他人的付出回报比进行比较。如果员工觉得二者有不公平的现象，那么薪酬就不能起到激励员工的作用，还会因此影响员工的工作积极性，降低其工作效率，造成紧张的人际关系等。所以，薪酬的设计要尽量公平，在现实中虽然不能做到完全公平，但至少在薪酬设计时应保证公平。薪酬设计的公平性可以从两个方面来考虑：一是外部公平性，指的是同一行业、同一地区、不同企业中类似的职位薪酬应基本一致；二是内部公平性，指的是在企业内部，员工所获得的薪酬应与其从事的工作岗位所要求的知识、技能、经验等相匹配。另外，不同职位如果没有多大差别，贡献或业绩相当，所获取的薪酬也应基本一致。

2. 激励原则

激励原则包含两个方面的含义：一是薪酬设计应该做到按劳分配，多劳多得，即按不同技能、不同知识水平、不同能力、不同业绩水平等定薪，奖勤罚懒和奖优罚劣，这样才能发挥薪酬的激励性；二是组织要根据不同员工的不同需求，真实地了解员工的需求，利用薪酬的多样化组合来满足员工，从而达到激励的目的。

3. 经济性原则

在薪酬设计的过程中固然要考虑薪酬水平的竞争性和激励性，但同时还要充分考虑企业自身发展的特点和承受能力。员工的报酬是企业生产成本的重要组成部分，过高的薪酬水平必然会导致人力成本的上升和企业利润的减少。所以，应该考虑人力资源成本的投入和产出比，把人力资源成本控制在经济合理的范围内，使企业的薪酬既具有激励性又能确保企业的正常运作。

## （二）薪酬设计的流程

制定科学合理的薪酬体系是企业人力资源管理的一项重要工作，薪酬设计的要点在于"对内具有公平性，对外具有竞争性"。薪酬设计需要考虑的因素较多，一般来说，企业要建立的是一种既能让大多数员工满意，又能确保企业利益的互利双赢薪酬设计模式，其一般流程可大致分为以下五个步骤：

1. 制定薪酬战略

企业人力资源战略服务于企业战略，所以薪酬战略也要考虑企业的战略和企业的目标。制定薪酬战略时要考虑以下问题：薪酬管理如何支持企业的战略实施，薪酬的设计如何达成组织内部的公平性和外部的竞争性，如何制定薪酬才能真正地激励员工，如何提高薪酬成本的有效性，等等。

2. 薪酬调查分析

企业要吸引和留住员工，不但要保证企业薪酬的内部公平性，而且要保证企业薪酬的外部竞争力，因此，要进行薪酬调查。薪酬调查，就是通过一系列标准、规范和专业的方法，对市场上各职位进行分类、汇总和统计分析，形成能够客观反映市场薪酬现状的调查报告，为企业提供薪酬设计方面的决策依据及参考。因为薪酬调查是将企业内部的薪酬状况和其他企业薪酬状况进行比较，所以组织首先要进行全面的企业内部薪酬满意度调查，以了解企业内部的薪酬现状及发展需求，做到发现问题，弄清原因，明确需要，确保薪酬体系设计的客观性与科学性。同时，还要对同类、同行企业的外部薪酬水平状况做深入细致的调查。

对企业外部薪酬调查分析的主要内容一般包括以下三个方面：①目标企业的薪酬政策。是控制成本还是激励或吸引员工；薪酬构成是高弹性、稳定性模式还是折中式模式；薪酬的其他政策，包括加班费计算、试用期薪酬标准等。②薪酬的结构信息。主要包括企业职位或岗位的组织结构体系设计、薪酬等级差、最高等级与最低等级差、薪酬的要素组合、基本薪酬与福利的比例、激励薪酬的设计等。③薪酬的纵向与横向水平信息。包括基本薪酬信息、激励薪酬信息及福利薪酬信息等。

由于这些调查对象一般都是竞争对手，而且薪酬制度往往被其视为商业机密，它们一般不愿意提供实质性的调查资料。所以,薪酬市场调查分析一般会比较困难,需要企业从多方面、多渠道进行,直接或间接地收取调查资料。一般来说,薪酬的调查方法有四种:企业薪酬调查、商业性薪酬调查、专业性薪酬调查和政府薪酬调查。企业薪酬调查是企业之间互相调查;商业性薪酬调查一般由咨询公司完成;专业性薪酬调查是由专业协会针对薪酬状况所进行的调查;政府薪酬调查是指由国家劳动、人事、统计等部门进行的薪酬调查。

3. 工作分析与评价

工作分析与评价的目的在于确定一种职位的相对价值,它是对各种职位进行正式的、系统的相互比较的过程。通过工作分析与评价,能够明确职位的工作性质、所承担责任的大小、劳动强度的轻重、工作环境的优劣、劳动者应具备的工作经验、知识技能、身体条件等方面的具体要求。同时,根据这些信息采取科学的方法,对企业所有的职位的相对价值做出客观的评价,并确定一种职位相对于其他职位的价值,从而最终依此来确定工资或薪资的等级结构。工作评价的基本原则是那些要求具备更高的任职资格条件、需要承担更多的责任,以及需要履行更为复杂的职责的职位,应当比那些在这些方面的要求更低一些的职位价值更高一些。

对于企业的员工来说他们所感受的公平合理,一方面,来自外部市场上同类职位薪酬水平相比的结果;另一方面,则来自内部同类、同级别职位人员的薪酬水平的比较。因此,我们不仅要关注职位的绝对价值,还要关注职位的相对价值,而职位的相对价值则要通过工作评价来确定。工作评价是工作分析的必然结果,同时,又以职位说明书为依据。即工作评价就是要评定职位的相对价值,制定职位的等级,以确定基本薪酬的计算标准。

4. 薪酬结构设计

通过工作分析与评价,可以表明每一个职位在企业中相对价值的顺序、等级。工作的完成难度越大,对企业的贡献越大,其重要性就越大,这也就意味着它的相对价值越大。通过薪酬调查及对组织内、外部环境的分析,可以确定组织内各职位的薪酬水平,规划各个职位、岗位的薪酬幅度、起薪点和顶薪点等关键指标。要使工作的相对价值转换为实际薪酬,需要进行薪酬结构设计。

薪酬结构是指工作的相对价值与其对应的工资之间保持的一种关系。这种关系不是随意的,是以服从某种原则为依据的,具有一定的规律,通常这种关系用"薪酬政策线"来表示。从理论上来讲,薪酬政策线可以呈任意一种曲线形式,但实际上它们多呈直线或由若干直线段构成的一种折线形式。这是因为薪酬设计必须遵循的基本原则是公平性,组织内各职位的报酬与员工的付出应基本相等，各职位的相对价值就是员工付出的反映，因此，绘制薪酬政策线各点的斜率应该基本相等，薪酬政策线呈直线。

一般来说，薪酬调查的结果或职位评价的结果，即外部公平性和内部公平性是一致的，也就是说，外部市场薪酬水平和评价点数或序列等级确定的薪酬点都分布在薪酬政策线的周围。但是，有时也会出现不一致的情况，这时薪酬点就会明显偏离薪酬政策线。

5. 薪酬分级与定薪

绘制好组织薪酬政策曲线以后，通过薪酬政策曲线就可以确定每个职位的基本薪酬水平。但是当企业的职位数量比较多时，如果针对每个职位设定一个薪酬标准，会大大增加企业的管理成本。因此，在实际操作中，还需要在薪酬的每一个标准内增设薪酬等级，即在众多类型工作职位的薪酬标准内再组合成若干等级，形成一个薪酬等级标准系列。通过职位工作评价点数的大小与薪酬标准对应，可以确定每一个职位工作的具体薪酬范围或标准，以确保职位薪酬水平的相对公平性。

不同薪酬等级之间的薪酬差异称为薪酬级差。薪酬级差可根据员工的职位、业绩、态度、能力等因素划分，要尽可能地体现公平。级差的大小应与薪酬等级相符，等级差异大，级差相应也大；等级差异小，则级差也小。如果两者关系不相符，容易引起不同等级员工的不满。等级差异过大，薪酬等级较低层的员工会认为有失公平，自己所得过少；等级差异过小，薪酬等级较高层的员工会认为自己的贡献价值没有得到认可，因而会挫伤其工作积极性。

## 二、激励薪酬

### （一）激励薪酬概述

1. 激励薪酬的概念

激励薪酬，又称绩效薪酬、可变薪酬或奖金，它是指以员工个人、团队或者组织的绩效为依据支付给员工的薪酬。激励薪酬的目的在于，通过将员工的薪酬与绩效挂钩，鼓励员工为企业、部门或团队的绩效做出更大的贡献。激励薪酬有助于强化组织规范，激励员工调整自己的行为，并且有利于组织目标的实现。

2. 激励薪酬的优缺点

激励薪酬相对于基本薪酬来说，具有明显的优势，主要表现在以下三个方面：
①激励薪酬是和绩效联系在一起的，因此，对员工的激励性也就更强；

②激励薪酬更能把员工的努力集中在组织、部门或团队认为重要的目标上，从而推动组织、部门或团队目标的实现；

③激励薪酬是根据绩效来支付的，可以增加企业薪酬的灵活性，帮助企业节约成本。

不过，激励薪酬也存在明显的不足，主要表现在以下四个方面：

①绩效评价难度比较大，激励薪酬很可能会流于形式；

②激励薪酬有可能导致员工之间或者员工群体之间的竞争，而这种竞争可能不利于组织创造良好的人际关系，导致组织的氛围比较紧张，从而影响组织的整体利益；

③激励薪酬实际上是一种工作加速器，有时员工收入的增加会导致组织出台更为苛刻的产出标准，这样就会破坏组织和员工之间的心理契约；

④绩效奖励公式有时非常复杂，员工可能难以理解。

### 3. 激励薪酬的实施要点

在市场经济条件下，激励薪酬将激励员工和节约成本的作用发挥得较好，使得越来越多的组织予以使用，而这种薪酬计划的缺点也使得激励薪酬的实施过程必须非常谨慎。这里着重指出以下六点：

①组织必须认识到，激励薪酬只是组织整体薪酬体系中的一个重要组成部分，它尽管对于激励员工的行为和绩效具有重要作用，但是不能取代其他薪酬计划。

②激励薪酬必须对那些圆满完成组织绩效或行为与组织目标一致的员工给予回报，激励薪酬必须与组织的战略目标及其文化和价值观保持一致，并且与其他经营活动相协调。

③要想实施激励薪酬，组织必须首先建立有效的绩效管理体系。这是因为激励薪酬以员工个人、群体甚至组织整体的业绩作为奖励支付的基础，如果不能建立公平合理、准确完善的绩效评价系统，绩效奖励就成了无源之水、无本之木。

④有效的激励薪酬必须在绩效和奖励之间建立紧密的联系。这是因为无论组织的目标多么清晰，绩效评价多么准确，反馈多么富有成效，如果它与报酬之间不存在联系，绩效也不会达到最大化。

⑤激励薪酬必须获得有效沟通战略的支持。既然激励薪酬要求员工能够承担一定的风险，那就要求组织能够及时为员工提供正确地做出决策所需要的各种信息。

⑥激励薪酬需要保持一定的动态性，过去曾经取得成功的激励薪酬现在并不一定依然成功，而经常是要么需要重新设计新的激励薪酬，要么需要对原有的激励薪酬进行较大的修改和补充。

## （二）激励薪酬的种类

1. 个人激励薪酬

（1）直接计件工资计划

直接计件工资计划是先确定在一定时间（比如 1 小时）内应当生产出的标准产出数量，然后根据标准产出数量确定单位时间工资率，最后根据实际产出水平计算出实际应得的薪酬。显然，在这种计划下，产出水平高于平均水平者得到的薪酬也较高。这种奖励计划的优点是简单明了，容易被员工了解和接受。其主要缺点是确定标准存在困难。在生产领域需要进行时间研究，但是时间研究所得出的计件标准的准确性会受到观察的次数、选择的观察对象、对正常操作速度的界定等各方面因素的影响。标准过松对组织不公平，标准过严又对员工不公平。

（2）标准工时计划

所谓标准工时计划，是指首先确定正常技术水平的工人完成某种工作任务所需要的时间，然后确定完成这种工作任务的标准工资率。即使一个人因技术熟练以少于标准时间的时间完成了工作，他依然可以获得标准工资率。举例来说，对于一位达到平均技术水平的汽车修理工来说，为小汽车补一个轮胎平均需要花费的时间可能是 1 小时。但是如果某位修理工的工作效率较高，他可能在半小时内就完成工作了，但组织在支付工资的时候，仍然是根据 1 小时来支付报酬。对于周期很长、技能要求较高、非重复性的工作而言，标准工时计划十分有效。

（3）差额计件工资计划

这种工资制度是由科学管理运动的开创者泰勒最先提出的。其主要内容是使用两种不同的计件工资率：一种适用于那些产量低于或等于预定标准的员工，而另一种则适用于产量高于预定标准的员工。

2. 群体激励薪酬

（1）利润分享计划

利润分享计划指对代表企业绩效的某种指标（通常是利润指标）进行衡量，并以衡量的结果为依据来对员工支付薪酬。利润分享计划有两个优势：一是将员工的薪酬和企业的绩效联系在一起，因此，可以促使员工从企业的角度去思考问题，增强了员工的责任感；二是利润分享计划所支付的报酬不计入基本薪酬，这样有助于灵活地调整薪酬水平，在经营良好时支付较高的薪酬，在经营困难时支付较低的薪酬。利润分享计划一般有三种实现形式：一是现金现付制，就是以现金的形式即时兑现员工应得到的分享利润；二是递延滚存制，就是指利润中应发给员工的部分不立即发放，而是转入员工的账户、留待将来支付，这种形式通常是和企业的养老金计划结合在一起的，有些企业为了减少员工的流动率，还规定如果员工的服务期限没有达到规定的年限，将无权得到或全部得到这部分薪酬；三是混合制，就是前两种形式的结合使用。

（2）收益分享计划

收益分享计划是企业提供的一种与员工分享因生产率提高、成本节约和质量提高等而带来的收益的绩效奖励模式。通常情况下，员工按照一个事先设计好的收益分享公式，根据本人所属部门的总体绩效改善状况获得奖金，常见的收益分享计划有斯坎伦计划与拉克计划。斯坎伦计划的操作步骤如下：①确定收益增加的来源，通常包括生产率的提高、成本节约、次品率下降或客户投诉率下降等，将这些来源的收益增加额加总，得出收益增加总额；②提留和弥补上期亏空，收益增加总额一般不全部进行分配，如果上期存在透支，要弥补亏空，此外还要提留一定比例的储备，得出收益增加净值；③确定员工分享收益增加净值的比重，并根据这一比重计算出员工可以分配的总额；④用可以分配的总额除以工资总额，得出分配的单价。员工的工资乘以这一单价，就可以得出该员工分享的收益增加数额。拉克计划在原理上与斯坎伦计划类似，但是计算的方式要复杂许多，它的基本假设是员工的工资总额保持在一个固定的水平上，然后根据企业过去几年的记录，以其中工资总额占生产价值（或净产值）的比例作为标准比例，确定奖金的数额。

（3）成功分享计划

成功分享计划又称为目标分享计划，它的主要内容是运用平衡计分卡的思想，为某个部门或团队制定包括财务和非财务目标、过程和结果目标等在内的若干目标，然后对超越目标的情况进行衡量，并根据衡量结果对某个部门或团队提供绩效奖励。在成功分享计划中，每个绩效目标都是相互独立的，部门或团队每超越一个绩效目标，就会单独获得一份奖励，经营单位所获得的总奖励金额等于其在每个绩效目标上所获得的奖励总和。成功分享计划的目的就在于将某个部门或团队的所有员工与某些预定的绩效改善目标联系在一起。如果这些目标达到了，员工就会得到货币报酬或非货币报酬。

3. 短期激励薪酬

（1）一次性奖金

顾名思义，一次性奖金是一种一次性支付的绩效奖励。在很多情况下，员工可能会因为完成了销售额或产量，实现了节约成本，甚至提出了对企业的合理化建议等而得到这种一次性的绩效奖励。在一些兼并、重组的事件发生时，为了鼓励被收购的企业中的有价值的员工留任而支付一笔留任奖金。还有一些企业为了鼓励优秀人才下定决心与企业签约，也会向决定加入本公司的新员工提供一笔签约奖金。一次性奖金的优势是不仅能足够地激励员工，而且不至于出现薪酬大量超出企业支付的范围，所以一次奖金制度比较灵活。

（2）月度/季度浮动薪酬

月度/季度浮动薪酬是指根据月度或季度绩效评价的结果，以月度绩效奖金或季度绩效奖金的形式对员工的业绩加以认可。这种月度或季度奖金一方面与员工的基本薪酬联系较为紧密，往往采用基本薪酬乘以一个系数或者百分比的方式来确定；另一方面，又具有类似一次性奖金的灵活性，不会对企业形成较大的成本压力，这是因为，企业月度或季度奖金投入的数量可以根据企业的总体绩效状况灵活调整。比如，如果企业经营业绩好，则企业可能拿出相当于员工月度或季度基本薪酬120%的金额作为月度或季度绩效奖金发放；如果企业的经营业绩不佳，企业可能只拿出相当于员工月度或季度基本薪酬50%或更低比率的金额作为月度或季度绩效奖金发放。

（3）特殊绩效认可计划

特殊绩效认可计划具有非常高的灵活性，可以对那些出人预料的单项高水平绩效表现（比如开发出新产品、开拓新的市场、销售额达到相当高的水平等）给予一次性的现金或者其他实物性奖励。特殊绩效认可或奖励计划提高了报酬系统的灵活性和自发性，为组织提供了更多的让员工感觉到自己的重要性和价值的机会。事实上，特殊绩效认可计划已经成为一种激励员工的很好的替代方法。这种计划不仅适用于为组织做出了特殊贡献的个人，而且适用于有特殊贡献的团队。比如，当一个工作团队的所有成员共同努力创造了显著的成果，或者完成了一项关键任务时，组织可以针对这个团队实施特殊绩效认可计划。

4. 长期激励薪酬

长期激励薪酬的支付周期通常为3~5年，长期激励薪酬强调长期规划和对组织的未来可能产生影响的那些决策。它能够创造一种所有者意识，有助于企业招募、保留和激励高绩效的员工，从而为企业的长期资本积累打下良好的基础。对于那些新兴的风险型高科技企业来说，长期激励薪酬的作用是非常明显的。此外，长期激励薪酬对员工也有好处，它不仅为员工提供了一种增加收入的机会，而且为员工提供了一种方便的投资工具。股票所有权计划是长期激励薪酬的一种主要形式，目前，常见的股票所有权计划主要有三类：现股计划、期股计划和期权计划。

（1）现股计划

现股计划就是指企业通过奖励的方式，向员工直接赠予企业的股票或者参照股票当前市场价格向员工出售企业的股票，使员工立即获得现实的股权。这种计划一般规定员工在一定时间内不能出售所持有的股票,这样股票价格的变化就会影响员工的收益,通过这种方式,可以促使员工更加关心企业的整体绩效和长远发展。

(2) 期股计划

期股计划则是指企业和员工约定在未来某一时期,员工要以一定的价格购买一定数量的企业股票,购买价格一般参照股票的当前价格确定,这样如果未来股票的价格上涨,员工按照约定的价格买入股票,就可以获得收益;如果未来股票的价格下跌,那么员工就会有损失。

(3) 期权计划

期权计划与期股计划比较类似,不同之处在于公司给予员工在未来某一时期以一定价格购买一定数量公司股票的权利,但是到期员工可以行使这项权利,也可以放弃这项权利,购股价格一般也要参照股票当前的价格确定。

## 第三节 员工福利

### 一、员工福利概述

#### (一) 员工福利的概念

员工福利是企业基于雇佣关系,依据国家的强制性法令及相关规定,以企业自身的支付为依托,向员工所提供的用以改善其本人和家庭生活质量的各种以非货币工资的支付形式为主的补充性报酬与服务。

根据定义,我们可以从以下四个方面来理解员工福利:

第一,员工福利的提供方是企业,接受方是员工及其家属;

第二,员工福利是整个薪酬系统中的重要组成部分,是除了基本薪酬和激励薪酬之外的那部分薪酬;

第三,员工福利可以采取多种形式发放,服务、实物和货币都可以是福利的支付形式;

第四,员工福利旨在提高员工的满意度和对企业的归属感。

#### (二) 员工福利的特点

(1) 实物或延期支付的形式。基本薪酬和激励薪酬往往采取货币支付和现期支付的方式，而福利多采取实物支付或延期支付的形式。

（2）固定性。基本薪酬和激励薪酬具备一定的可变性，与员工个人直接相连；而福利则比较固定，一般不会因为工作绩效的好坏而在福利的享受上存在差异。

（3）均等性。企业内部的福利对于员工而言具有一视同仁的特点，履行了劳动义务的企业员工，都有享有企业各种福利的平等权利，不会因为职位层级的高低而有所差别。但均等性是针对一般福利而言的，对一些高层次的福利，许多企业还是采取差别对待的方式，例如，对高层管理人员的专车配备等。

（4）集体性。福利主要是通过集体消费或使用公共物品等方式让员工享有，集体消费主要体现在通过集体购买和集体分发的方式，为员工提供一些生活用品。

### （三）员工福利的作用

1. 员工福利对企业的作用

从表面上来看，对于企业来说支付福利费用是一种成本支出。事实并非如此，科学合理的福利制度为企业带来的实际收益，是远高出同等数量的基本薪酬所产生的收益的。员工福利对于现代企业的意义主要体现在以下三点：①大多数员工是属于规避风险型的，他们追求稳定，而与直接薪酬相比，福利的稳定性更强，因此，福利更能够吸引和保留员工；②福利可以满足员工的心理需求并使其获得较高的工作满意度，具有较强的激励作用，能有效地提高员工绩效，实现组织的战略目标；③企业可以享受优惠税收政策，提高成本支出的有效性。

2. 员工福利对员工的作用

许多员工在选择工作的时候比较重视企业所能提供的福利待遇，原因不仅仅在于福利待遇构成了总薪酬的一个部分，更在于福利可以满足员工的多种需求。具体来说，福利对员工的作用可以体现在以下五个方面：①增加员工的收入，在员工的总薪酬中，有的企业福利占到30%左右。另外，福利对于员工而言是一种保障性的收入，不会因为员工个人绩效不佳而减少。②保障员工家庭生活及退休后的生活质量。员工退休后的收入较在职时会有较大幅度的降低，国家法定的养老保险等福利待遇能够保障员工退休后的生活维持在一定的水平。③满足员工的平等和归属需要。福利具有均等性，能让员工感到公平和企业对他们的重视，从而获得归属感和尊重感。④集体购买让员工获得更多的优惠。集体购买产生规模效益，具有价格上的优惠。⑤满足员工多样化的需求。员工福利的形式多种多样，既可以是实物也可以是服务，多样化的福利形式能够满足员工多样化的需求。

## 二、员工福利的种类

### （一）法定福利

这是由国家相关的法律和法规规定的福利内容，具有强制性，任何企业都必须执行。法定福利为员工提供了工作和生活的基本保障，当员工在遭遇失业、疾病、伤残等特殊困难时给予及时救助，提高了员工防范风险的能力。

1. 法定的社会保险

法定的社会保险包括基本养老保险、基本医疗保险、失业保险、工伤保险和生育保险。养老保险是国家为劳动者或全体社会成员依法建立的老年收入保障制度，当劳动者或社会成员达到法定退休年龄时，由国家或社会提供养老金，保障退休者的基本生活。医疗保险是由国家立法，按照强制性社会保险原则，由国家、用人单位和个人集资（缴保险费）建立的医疗保险基金，当个人因病接受医疗服务时，由社会医疗机构提供医疗费用补偿的社会保险制度。失业保险是国家以立法形式，集中建立失业保险基金，对因失业而暂时中断收入的劳动者在一定期间提供基本生活保障的社会保险制度。生育保险是国家通过立法，筹集保险基金，对生育子女期间暂时丧失劳动能力的职业妇女给予一定的经济补偿、医疗服务和生育休假的社会保险制度。工伤保险是国家立法建立的，对在经济活动中因工伤致残或因从事有损健康的工作患职业病而丧失劳动能力的劳动者，以及对职工因工作死亡后无生活来源的遗属提供物质帮助的社会保障制度。

2. 公休假日

公休假日指企业要在员工工作满一个工作周后让员工休息一定的时间。我国目前实行的是每周休息两天的制度。

3. 法定休假日

法定休假日就是员工在法定的节日要享受休假。我国目前的法定节日包括元旦、春节、国际劳动节、国庆节和法律法规规定的其他休假节日。

4. 带薪年休假

带薪年休假，又叫探亲假，是职工分居两地，又不能在公休日与配偶或父母团聚的带薪假期。国家实行带薪年休假制度，劳动者连续工作1年以上的，可以享受带薪年休假。我国相关法律还规定：①职工探望配偶的，每年给予配偶一方探亲假1次，假期为30天；②未婚职工探望父母的，原则上每年给假1次，假期为20天；③已婚职工探望父母的，每 4 年给假 1 次，假期为 20 天。

## （二）企业福利

1. 企业补充养老保险

社会基本养老保险制度虽然覆盖面宽，但收入保障水平较低。随着我国人口老龄化加剧，国家基本养老保险负担过重的状况日趋严重，补充养老保险开始成为企业建立的旨在为其员工提供一定程度退休人员收入保障的养老保险计划。

2. 健康医疗保险

健康医疗保险是对职工基本医疗保险的补充，健康医疗保险的目的是减少当员工生病或遭受事故时本人及其家庭所遭受的损失。企业通常以两种方式提供这种福利：集体投保或者加入健康维护组织。

3. 集体人寿保险

人寿保险是市场经济体制国家的一些企业提供给员工的一种最常见的福利，大多数企业是为其员工提供集体人寿保险。

4. 住房或购房计划

除了住房公积金之外，企业为更有效地激励和保留员工，还采取其他多项住房福利项目支持员工购房，如住房贷款利息给付计划、住房津贴等。

5. 员工服务福利

员工服务福利是企业根据自身的条件及需要，扩大了福利范畴，通过为员工提供各种服务来达到激励员工、稳定员工的目的。如给员工援助服务、给员工再教育补助、给员工提供健康服务等。

6. 其他补充福利

如交通补贴、饮食津贴、节日津贴、子女教育辅助计划、独生子女补助费等。

## 三、员工福利存在的问题及其发展趋势

### （一）员工福利存在的问题

1. 组织和员工对福利缺乏清晰认识

从企业的角度来讲，在制订员工福利方案时，会产生三个主要的管理问题：谁应该受

保障或享受福利？在一系列的福利项目中，员工可以有多少种选择？福利的资金怎样筹集？这些问题常常使企业产生困惑。在大多数情况下，企业实际上只是被动地制订员工福利方案，而对于这些福利方案存在的合理性、有效性，则往往认识不足。从员工的角度来说，往往只知道提福利要求，但是并不清楚到底企业是否应当或能够满足自己这方面的要求。而且由于福利条款及其操作的复杂性，许多员工只是到了生病、残疾、被解雇或者退休的时候，才真正开始对福利计划本身的规定感兴趣。大多数员工对企业所提供的福利的种类、期限及使用范围是模棱两可或一知半解的。此外，企业为员工提供福利到底要支付多大的成本，或者所享受的企业福利的价值到底有多大，绝大多数员工更是根本不清楚或是不关心。

2. 员工福利成本居高不下

福利的成本问题几乎是每一家企业都会遇到的问题。有些企业的福利开支相当于员工直接薪酬的30%~40%。因此，福利开支对企业的人工成本影响非常大，许多企业在千方百计地压缩福利成本和预算。许多企业在用招聘临时工或者兼职员工的做法来减少福利的成本压力。在我国由于社会保障法制尚不健全，一些企业采取虚报、瞒报工资的方法来减少自己所应缴纳的社会保障费。但无论如何，福利成本对企业来说，无论现在还是将来都确实是一个很大的经济压力。

3. 员工福利的回报性低

许多组织明显感到自己在福利方面付出了很大的代价，却没有得到相应的回报。按理说，福利应当能够帮助组织加速实现目标，或者有效地实现组织和员工之间的沟通，从而培育起一支优秀的员工队伍，真正达到双赢的目的，但是目前的福利却未能达到这种理想的效果。一方面，员工将享受福利看成是自己的一种既定权利或正当利益，对组织所提供的福利越来越不满足；另一方面，组织看到自己的经济负担越来越重，管理方面的麻烦也越来越多，但是并没有什么明显的收益。造成这种情况的一个重要原因可能是组织的福利计划缺少一些限制条件。此外，员工的道德风险也是一个不容忽视的问题。

4. 福利制度缺乏灵活性与针对性

传统的福利制度大多是针对传统的工作模式和家庭模式的，而当前的社会发展使工作方式和家庭模式发生了变化。此外，随着员工队伍构成的变化，不同文化层次、不同收入层次的员工对于福利的需求也产生了较大的差异。传统的福利制度则相对固定和死板，对有些人会出现重复保险的问题，而对另一些人则存在保险不足的问题，并且很难满足多样化和个性化的福利需求。比如，一旦组织制订了某种福利计划，这种福利计划就会对所有的员工都开放，一方面，有可能会出现组织花了很多钱提供某种福利，但是这种福利对于一些员工来说却没有价值的情况；另一方面，又可能会出现组织由于担心福利成本增加而放弃某种福利，结果导致对某种福利具有很高需求的员工无法享受这种福利的情况。

## （二）员工福利发展趋势

1. 组织开始寻求与其战略目标、组织文化和员工类型相匹配的福利模式

随着福利种类的增多和福利覆盖范围的扩大，可供利用的福利计划的种类越来越多。但是，并非所有的福利计划都适合任何组织中的任何员工群体。从实际情况来看，有很多福利计划是和组织的目标、价值观乃至经营战略相违背的。因此，在制订组织的福利计划时，不仅要考虑现在市场上流行什么样的福利计划，更要对自己的组织进行深入的分析，知道组织的价值观是什么，组织的目标是什么，组织的员工队伍是如何构成的，未来组织要经历什么样的变革，等等。在回答这些问题的基础上，考虑所要设计的福利计划是否有助于实现这些组织目标；如果有助于组织目标的实现，公司是否具备实施这种福利计划的能力（包括成本承受能力和管理能力）。

比如，较为传统的组织希望员工能够在组织中长期工作，而员工也偏好稳定的工作和生活，他们可能会在一个组织中工作直到退休。与这样的组织特征相适应，退休福利计划就应该相对传统，以增强员工对组织的归属感。在创新型组织中情况则不同，在这类组织中工作的人通常富有冒险精神，他们不愿意长期固定在一个组织中工作，很多人类似于或者就是自由职业者，因此，无论组织提供的退休保障计划多么完善，他们都不会感兴趣。因此，这种组织最好将现金存入员工的账户，而不是帮他们投资到组织自己的养老金计划之中。

2. 越来越多的企业开始重视和使用弹性福利

如今，企业的员工福利管理主要面临两个方面的挑战：企业成本急剧上升和难以适应员工需求变化，因而，很多企业采取了弹性福利。弹性福利是指员工在组织规定的时间和金额范围内，可以按照自己的意愿构建自己的福利项目组合，根据自己的需要和生活方式的变化不断改变自己认为有价值的福利项目。弹性福利从本质上改变了传统的福利制度，从一种福利模式转变为一种真正的薪酬管理模式。

弹性福利计划的实施，具有以下显著的优点：首先，由于每个员工个人的情况是不同的，他们的需求可能也是不同的，而弹性福利充分考虑了员工个人的需求，使他们可以根据自己的需求来选择福利项目，这样就满足了员工不同的需求，从而提高了福利计划的适

应性；其次，由员工自行选择所需要的福利项目，企业就可以不再提供那些员工不需要的福利，这有助于节约福利成本；最后，这种模式的实施通常会给出每个员工的福利限额和每项福利的金额，这样就会促使员工更加注意自己的选择，从而有助于进行福利成本控制，同时还会使员工真实地感觉到企业给自己提供了福利。弹性福利计划既有效控制了企业福利成本又照顾了员工对福利项目的个性化需求，也正因如此，弹性福利正在被越来越多的企业关注和采纳。

但是，弹性福利计划也存在一些问题：首先，它造成了管理的复杂，由于员工的需求是不同的，自由选择大大增加了企业具体实施福利的种类，从而增加了统计、核算和管理的工作量，这会增加福利的管理成本；其次，这种模式的实施可能存在"逆向选择"的倾向，员工可能为了享受的金额最大化而选择自己并不是最需要的福利项目；再次，由员工自己选择可能还会出现非理性的情况，员工可能只照顾眼前利益或考虑不周，从而过早地用完了自己的限额，这样当其再需要其他的福利项目时，就可能无法购买或需要透支；最后，允许员工自由进行选择，可能会造成福利项目实施的不统一，这样就会减少统一性模式所具有的规模效应。

# 第五章 绩效管理

## 第一节 绩效管理概述

### 一、绩效的含义和特点

#### (一) 绩效的含义

1. 工作效果

包括工作中取得的数量和质量，主要指工作活动所实现的预定目标的程度。工作效果涉及工作的结果。

2. 工作效率

包括组织效率、管理效率、作业效率等方面。主要指时间、财物、信息、人力及其相互利用的效率。工作效率涉及工作的行为方式，是投入大于产出，还是投入小于产出。

3. 工作效益

包括工作中所取得的经济效益、社会效益、时间效益等。工作效益主要涉及对组织的贡献。

#### (二) 绩效的特点

人力资源管理中的绩效指的是员工或部门的绩效，我们主要分析员工绩效。绩效具有多因性、多维性和动态性三大特点。

1. 多因性

绩效的多因性是指绩效的优劣不仅仅受某一个因素的作用，而是受到多种因素的共同影响，是员工个人因素和工作环境共同作用的结果。为了绩效的相关因素，对正确设计和实施绩效管理有着重要的作用，这些因素主要包括工作技能、员工的知识水平、工作态度和工作环境等。

（1）员工的知识水平

员工的知识水平与其绩效的优劣息息相关，在其他条件相同的情况下，有较高知识水平的员工通常能取得较好的工作绩效。

（2）员工的工作技能

工作技能指的是员工的技巧和能力，具有较高技能的员工往往会取得卓越的工作成绩。员工的工作技能取决于员工的知识水平、智力、工作经历和受教育程度。在一个组织中，员工的技能一般参差不齐、千差万别。

（3）员工的工作态度

员工的工作态度是指员工的工作积极性和工作热情，体现为员工在工作过程中主观能动性的发挥。在其他条件相同的情况下，工作积极热情的员工一般能取得较好的工作绩效。员工的工作态度取决于主观和客观两个方面的因素。主观方面的因素有员工的需要、兴趣、受教育程度和价值观等。客观方面的因素是组织内人际关系、工作本身的挑战性、组织文化和竞争环境等。

（4）工作环境

环境包括组织内外环境。组织内的环境由工作条件、企业文化和人际关系等构成，组织外的环境包括组织所处的社会风气、政治形势和经济形势。

多因性的另一个说法，绩效的优劣受主客观多种因素影响，即员工的激励、技能、环境与机会，前两者是员工自身的主观影响因素，后两者是客观性影响因素。

2. 多维性

员工的工作绩效可以从多方面或多角度表现出来，工作绩效是工作态度、工作能力和工作结果的综合反映。员工的工作态度取决于对工作的认知态度及为此付出的努力程度，表现为工作干劲、工作热情和忠于职守等，是工作能力转换为工作结果的媒介，直接影响着工作结果的形成。员工的工作能力是绩效的本质来源，没有工作能力就无所谓工作绩效。工作能力主要体现在常识、知识、技能、技术和工作经验等几个方面。工作结果以工作数量、质量、消耗的原材料、能源的多少等形式表现出来。绩效的多维性决定了考评员工时必须从多个侧面进行，才能对绩效做出合理的评价。

3. 动态性

绩效的动态性是指绩效处于动态的变化过程中，不同时期员工的绩效有可能截然不同。我们经常遇到这样的情况，绩效差的员工经过积极的教育、引导和适当的激励后，会努力工作取得较好的工作绩效；而工作绩效较好的员工由于未受到适当的激励等原因，会出现不再努力工作，使工作绩效变得较差等现象。绩效的动态性特点要求我们运用发展的观点和一分为二的观点对员工进行绩效考评。

## 二、绩效管理的含义及目的

### （一）绩效管理的含义

1. 绩效管理的目的是更有效地实现组织预定的目标

绩效管理本身并不是目的，之所以要开展绩效管理是要更大限度地提高组织的管理效率及组织资源的利用效率，进而不断提高组织绩效，最终更有效地达到组织预定的目标。更有效地实现组织的预定目标是绩效管理的终极目的。

2. 绩效管理的主体是掌握人力资源知识、专门技术和手段的绩效管理人员和员工

绩效管理由掌握专门知识技能的绩效管理者推动，然后落实到员工身上，最终由每一位员工的具体实践操作实现。可以看出，绩效管理的主体不仅是绩效管理人员，还包括每一位参与绩效管理的员工。

3. 管理的核心是提高组织绩效

绩效管理围绕如何提高组织绩效这个核心展开，其中，所涉及的任何具体措施都是为了持续改进组织绩效服务。绩效管理"对事不对人"，以工作表现为中心，考查个人与组织目标达成相关的部分。

4. 一个包括多阶段、多项目标的综合过程

绩效管理是一套完整的"P-D-C-A"循环体系，所谓"P-D-C-A"循环即是计划（Plan）、实施（Do）、检查（Check）、调整（Adjust）的循环。落实到绩效管理上就是绩效计划制是由绩效计划制订、动态持续的绩效沟通、绩效实施、绩效评估、绩效结果运用等环节构成的循环。

绩效管理是以目标为导向，将企业要达到的战略目标层次分解，通过对员工的工作表现和业绩进行诊断分析，改善员工在组织中的行为，通过充分发挥员工的潜能和积极性，提高工作绩效，更好地实现企业各项目标。绩效管理更突出的是过程管理，它以改善行为为基础，通过有计划的双向沟通的培训辅导，提高员工绩效，最终实现提高部门绩效和企业整体绩效的目的。绩效管理对企业来说，是一项管理制度；对管理者个人来说，则是管理技能和管理理念。

在进行绩效管理的企业中，绩效管理是贯穿各级管理者管理工作始终的一项基本活动。

## （二）绩效管理的目的

各个组织根据自身的不同情况，运用绩效管理系统会侧重于不同的目的：

1. 了解员工的工作绩效

员工希望了解自己的工作成绩，也希望知道如何提高自己的工作绩效，并以此来提高自己的薪酬水平和获得晋升的机会。因此，绩效管理的结果可以向员工反馈其工作绩效水平高低，使员工了解自己工作中的不足之处，帮助员工改进，从而提高整个组织的绩效。通过绩效管理指出员工存在问题的同时，能够发现培训需求。有针对性地对员工进行培训，可以帮助员工提高工作知识、技能及在人际关系、计划、监督等方面的能力（针对管理人员），促进员工的发展。因此，绩效管理是培训方案设计和实施的基础。

2. 绩效管理的信息可以为组织的奖惩系统提供标准

在组织的多项管理决策中都要使用管理信息（特别是绩效考评信息）。绩效考评能够使不同岗位上员工的工作绩效得到合理的比较，从而使组织在进行薪酬决策、晋升决策、奖惩决策、保留/解聘等决策时做到公平合理，使整个激励体系真正起到应有的作用。

3. 使员工的工作和组织的目标结合起来

工作绩效管理有利于发现组织中存在的问题，绩效考评的信息可以被用来确定员工和团队的工作与组织目标之间的关系，当各种工作行为与组织目标发生偏离时，要及时进行调整，确保组织目标的实现。

4. 促进组织内部信息沟通和企业文化建设

绩效管理非常注重员工的参与性。从绩效目标的制定、绩效计划的形成、实行计划中的信息反馈和指导到绩效考评、对考评结果的应用，以及提出新的绩效目标等都需要员工的参与，满足员工的尊重需要和自我实现的需要，为组织创造一个良好的氛围。因此，绩效管理对于创建民主的、参与性的企业文化是非常重要的。

需要指出的是，无论绩效管理系统有多完美，也只有最终被它所影响的人接受才能够发挥作用。

## 三、绩效考评与绩效管理的区别与联系

### （一）绩效管理与绩效考评的联系

绩效考评是绩效管理一个不可或缺的组成部分，通过绩效考评可以为组织绩效管理的改善提供资料，帮助组织不断提高绩效管理水平和有效性，使绩效管理真正帮助管理者改善管理水平，帮助员工提高绩效能力，帮助组织获得理想的绩效水平。

### （二）绩效管理与绩效考评的区别

（1）绩效管理包括制订绩效计划、动态持续的绩效沟通、绩效考评、绩效反馈与改进、绩效考评结果的应用，是一个完整的绩效管理过程；而绩效考评只是这个管理过程中的局部环节和手段。

（2）绩效管理是一个过程，贯穿于日常工作，循环往复进行；而绩效考评是一个阶段性的总结，只出现在特定时期。

（3）绩效管理具有前瞻性，能帮助组织和管理者前瞻性地看待问题，有效规划组织和员工的未来发展；而绩效考评则是回顾过去一个阶段的成果，不具备前瞻性。

（4）绩效管理以动态持续的绩效沟通为核心，注重双向的交流、沟通、监督、评价；而绩效考评只注重事后的评价。

（5）绩效管理根据预期目标，评价绩效结果，提出改善方案，侧重日常绩效的提高；而绩效考评则只比较预期的目标，注重进行绩效结果的评价。

（6）绩效管理充分考虑员工的个人发展需要，为员工能力开发及教育培训提供各种指导，注重个人素质能力的全面提升；而绩效考评只注重员工的考评成绩。

（7）绩效管理能建立绩效管理人员与员工之间的绩效合作伙伴关系；而绩效考评则使绩效管理人员与员工站到了对立的两面，距离越来越远，制造紧张的气氛和关系。

## 四、绩效管理的作用

### （一）绩效管理对管理人员的作用

就各级管理人员而言，他们面临许多管理问题。例如，常常因为事物的冗繁和时间管理的不善而烦恼；员工对自己的工作缺乏了解，工作缺乏主动性；员工对应该做什么和应该对什么负责有异议；员工给主管提供的重要信息太少；发现问题太晚以致无法阻止其扩

大；员工犯相同的错误；等等。尽管绩效管理不能直接解决所有的问题，但它为处理好其中大部分管理问题提供了一个工具。只有管理者投入一定的时间并和员工形成良好的合作关系，绩效管理才可以为管理者的工作带来极大的便利。

①上级主管不必介入所有的具体事务。

②通过赋予员工必要的知识来帮助他们合理进行自我决策。员工可以知道上级希望他们做什么，自己可以做什么，必须把工作做到什么程度，何时向何人寻求帮助等，从而为管理者节省时间。

③减少员工之间因职责不明而产生的误解。

④减少持续出现上级主管需要信息时没有信息的局面。

⑤通过帮助员工找到错误和低效率的原因来减少错误和偏差。

### （二）绩效管理对员工的作用

员工在工作中会产生诸多烦恼：不了解自己的工作做得好还是不好，不知道自己有什么权力，工作完成很好时没有得到认可，没有机会学习新技能，自己不能做决策，缺乏完成工作所需要的资源，等等。

绩效管理要求有效开展绩效沟通和指导，能使员工得到有关他们工作业绩和工作现状的反馈。而且由于绩效管理能帮助员工了解自己的权利范围，即进行日常决策的能力，从而大大提高了工作效率。

### （三）绩效管理对企业的作用

员工感觉企业需要改进的方面主要集中在：奖惩没有客观依据，晋升有失公平；缺乏足够有效的专业培训和指导；重负面批评和惩罚，轻正面鼓励和奖励；日常工作中缺乏上下级之间的有效授权；等等。

绩效管理提出员工参与制订绩效计划，强化了员工对绩效目标的认同度，在日常工作中通过绩效实施提供有效的工作指导，找出工作的优点和差距，有效制订绩效改进计划和措施，有利于企业业绩的改善和企业目标的实现。同时，绩效管理流程中基于企业战略目标的绩效计划制订、围绕核心能力的员工能力发现和评价等措施有助于企业核心竞争力的构建，有利于企业的持续发展。

## 五、影响绩效管理的因素

### （一）观念

管理者对绩效管理的认识是影响绩效管理效果的重要因素。如果管理者能够深刻理解绩效管理的最终目的，更具前瞻性地看待问题，并在绩效管理的过程中有效地运用最新的绩效管理理念，便可以很好地推动绩效管理的有效实施。

### （二）高层领导支持的程度

绩效管理作为人力资源管理的重要组成部分，是实现组织整体战略管理的一个重要手段。要想有效地进行绩效管理，必须得到高层领导的支持。高层领导对待绩效管理的态度决定了绩效管理的效果。如果一个组织的领导能大力支持绩效管理工作，并给予绩效管理工作人员必要的物质和精神支持，就会使绩效管理水平得到有效的提升；反之，一个组织的绩效管理水平和效果将是十分低下的。

### （三）人力资源管理部门的尽职程度

人力资源部门在绩效管理的过程中扮演着组织协调者和推动者的角色。绩效管理是人力资源管理工作中的重要组成部分，如果人力资源管理部门能够对绩效管理进行大力投入，加强对绩效管理的宣传，组织必要的绩效管理培训，完善绩效管理的流程，就可以为绩效管理的有效实施提供有力保证。

### （四）各层员工对绩效管理的态度

员工对绩效管理的态度直接影响着绩效管理的实施效果。如果员工认识到绩效管理的最终目的能使他们改进绩效而不是单纯的奖罚，绩效管理就能很好地发挥功效；反之，如果员工认为绩效管理仅仅是填写各种表格应付上级或对绩效管理存在着严重的抵触情绪，那么，绩效管理就很难落到实处。

### （五）绩效管理与组织战略的相关性

个人绩效、部门绩效应当与组织的战略目标相一致。只有个人绩效和部门绩效都得到实现的同时，组织战略才能够得到有效的执行。这就要求组织管理者在制定各个部门的目标时，不仅要考虑部门的利益，也要考虑组织的整体利益，只有做到个人、部门和组织整体的目标相一致，才能确保组织的绩效管理卓有成效。

### （六）绩效目标的设定

一个好的绩效目标要满足具体、可衡量、可实现及与工作相关等要求。只有这样，组织目标和部门目标才能得到有效的执行，绩效考核的结果才能够公正、客观和具有说服力。

### （七）绩效指标的设置

每个绩效指标对于组织和员工而言，都是战略和文化的引导，是工作的方向，因此清晰明确、重点突出的指标非常重要。好的绩效指标可以确保绩效考核重点突出，与组织战略目标精确匹配，便于绩效管理的实施。

### （八）绩效管理系统的时效性

绩效管理系统不是一成不变的，需要根据组织内部、外部的变化进行适当调整。当组织的战略目标、经营计划发生改变时，组织的绩效管理系统也要进行动态的变化，以保证其不会偏离组织战略发展的主航道，对员工造成错误的引导。

## 六、绩效管理与人力资源管理其他环节的关系

### （一）绩效管理与工作分析

1. 职位描述是最直接影响绩效的因素

员工的绩效是员工外显的行为表现，这种行为表现受很多因素影响。首先，影响人的行为绩效的内在因素分成很多层次，处在最深层的是人的内在动力因素。其次，是价值观、哲学等观念和意识层面的因素。最后，组织的观念、哲学等决定了组织的政策，从而影响了组织的使命和目标。组织的使命和目标被分解成各个工作单元的目标，而各个工作单元的目标又决定了职位描述。处于最外层的职位描述是直接影响行为绩效的因素。因此，要想有效地进行绩效管理，必须首先有清晰的职位描述信息。职位特点决定了绩效评估所采用的方式。采用什么样的方式进行绩效评估是我们在进行绩效评估的准备工作时所需要解决的一个重要问题。绩效评估的方式主要包括由谁进行评估，多长时间评估一次，绩效评估的信息如何收集，采取什么样的方式进行评估等。对于不同类型的职位，采取的绩效评估方式也应该有所不同。

2. 职位描述是设定绩效指标的基础

对一个职位的任职者进行绩效管理应设定关键绩效指标，这往往是由他的关键职责决定的。虽然从目标管理的角度而言，一个被评估者的关键绩效指标是根据组织的战略目标逐渐分解而形成的，但个人的目标终究要依据职位的关键职责来确定，一定要与他的关键职责密切相关。

职责是一个职位比较稳定的核心，表现的是任职者所要从事的核心活动。目标经常随时间而变化，可能每年都不同，一个职位的工作职责则可能会几年稳定不变或变化很小。

对于那些较为稳定的基础性职位，如秘书、会计等，他们的工作可能并不由目标直接控制，而主要是依据工作职责来完成工作，对他们的绩效指标的设定就更需要依据工作的核心职责。

## （二）绩效管理与薪酬体系

目前，比较盛行的制定薪酬体系的原理是 3P 模型，即以职位价值决定薪酬、以绩效决定薪酬和以任职者胜任力决定薪酬的有机结合。因此，绩效是决定薪酬的一个重要因素。

在不同的组织及不同的薪酬体系中，对不同性质的职位，绩效所决定的薪酬成分和比例有所区别。通常来说，职位价值决定了薪酬中比较稳定的部分，绩效则决定了薪酬中变化的部分，如绩效工资、奖金等。

## （三）绩效管理与培训开发

由于绩效管理的主要目的是为了了解目前员工绩效状况中的优势与不足，进而改进和提高绩效，因此，培训开发是在绩效评估之后的重要工作。在绩效评估之后，主管人员往往需要根据被评估者的绩效现状，结合被评估者个人的发展愿望，与被评估者共同制订绩效改进计划和未来发展计划。人力资源部门则根据目前绩效中待改进的方面，设计整体的培训开发计划，并帮助主管和员工共同实施培训开发。

综合以上几点可以看出，员工绩效管理与人力资源管理的几大职能都有着密切的关系，通过发挥员工绩效管理的纽带作用，人力资源管理的各大职能就能有机地互相联系起来，形成一种互动的关系。所以说，员工绩效管理是人力资源管理的核心内容，在人力资源管理中占据了核心地位。

## 第二节　绩效考评

### 一、绩效考评概述

#### （一）绩效考评的含义及内容

1. 工作绩效考评

工作业绩考评是指对员工工作效率和工作结果进行考核和评价，它是对员工贡献程度的衡量，是所有工作绩效考评中最基本的内容，能直接体现出员工在企业中的价值大小。业绩的考评包括员工完成工作的数量、质量、成本费用、利润等，以及为企业做出的其他贡献，如为企业赢得荣誉等。

2. 工作能力考评

工作能力的考评是指对员工在工作中体现出来的能力进行考评，主要体现在四个方面：专业知识和相关知识；相关技能、技术和技巧（包括操作、表达、组织、协调、指挥、控制等）；相关工作经验；所需的体能和体力（取决于年龄、性别和健康状况等因素）。这四个方面是相互联系而又有区别的，技能和知识是基础；体能和体力是必要条件，一个人若没有足够的精力和体力，就难以承担重任；技能和工作经验把知识转化为现实生产力。需要指出的是，绩效考评中的能力考评和一般性能力测试不同，前者与被考核者所从事的工作相关，主要考评其能力是否符合所担任的工作和职务，而后者是从人的本身属性对员工的能力进行评价，不一定要和员工的现任工作相联系。

3. 工作行为的考评

工作行为考评是指对员工在工作中表现出来的相关行为进行考核和评价，衡量其行为是否符合企业的规范和要求。由于对行为进行考评很难有具体的数字或金额来表达，因此，在实际工作中，对员工的行为进行考评主要包括出勤、纪律性、事故率、主动性、客户满意度、投诉率等方面。

4. 工作态度的考评

工作态度考评数值是对员工在工作中的努力程度进行考评，即对工作积极性的衡量。积极性决定着人的能力发挥程度，只有将积极性和能力的考评结合起来，才能发挥员工的潜力。常用的考评指标包括团队精神、忠诚度、责任感、创新精神、敬业精神、进取精神、事业心和自信心等。工作态度很大程度上决定了工作能力向工作业绩转化的效果。因此，对员工工作态度的考评是非常重要的。

以上四个方面中，工作业绩和工作能力的考评结果是可以量化的，是客观的，被称为考评的"硬指标"；工作行为和工作态度的考评结果是主观的，很难量化，被称为考评的"软指标"。在进行工作绩效考评时，应注意客观性评价和主观性评价的结合、软指标和硬指标结合，这样才能全面地评价员工的工作绩效。

### （二）绩效考评的目的

一是帮助员工认识自己的潜在能力并在工作实际中充分发挥这种能力，以达到改进员工工作的目的和促进员工的培训与发展。二是为人力资源管理等部门提供制定有关人力资源政策和决策的依据。三是有利于改进企业人力资源管理工作，企业从定期的工作绩效考评中检查诸如招聘、培训和激励等人力资源管理方面的问题，从中吸取经验教训，以便今后改进并对下一步行动做出正确的导向。因而，考评的过程既是企业人力资源发展的评估和发掘过程，也是了解个人发展意愿，制订企业培训计划和为人力资源开发做准备的过程。

### （三）绩效考评者的组成

考评人的选择就是选择谁来进行考核，也就是解决考评关系中考评主体与考评客体如何划分的问题。一般而言，在企业实践中，通常是通过以下几种人员作为考评工作的主体来建立考评机制：

1. 直接主管

绩效考评大都是由直接主管进行或者参与进行的。企业通常在制度上规定直接主管对于下级拥有考评的责任和权力。直接主管对下属的工作最熟悉（有的主管甚至以前就从事下属目前的工作），可以准确把握考评的重点及关键。主管考评权与他们拥有的奖励和惩罚下属的权力是相应的。

2. 工作者自身

员工本人对自己进行评价具有重要意义。自我评价有利于员工对企业考评的认同，减少他们的逆反心理，增强员工的参与意识；有利于员工明确自己的长处和短处，加强自我开发；能够在考评中不断总结经验，从而改进工作方法。不过，调查显示，员工自我评价一般比他人评价高,很少有人会自我贬低,容易形成极端分布。因此,这种方法不可单独进行。

3. 同事

同事进行的评价,在某些方面具有特殊作用,如工作方式和工作态度。同事之间的工作相关性强,相互共事,沟通较多,比较了解关于工作和行为的有效信息。但在同事考评时,有时可能因为个人关系而产生感情偏差,或者出现通过"轮流坐庄"获得奖励或避免惩罚的不负责任的行为。

4. 下级

由下属对员工进行评价也具有重要意义。尤其对于其领导能力、沟通能力等方面的评价,往往具有很强的针对性。同时,也要看到,员工由于顾虑上级的态度及反应,可能不会反映真实情况。为了解决这一问题,应当由专门的部门进行组织,避免因评价结果而使员工受到打击报复。

5. 业务归属部门

企业中专业技术性较强的工作内容,往往由专门的职能部门进行归属管理,如财务部、质量部等。这些部门从特定角度进行绩效考评,在考评工作中具有非常重要的地位。

6. 外请专家

由外请专业人员进行考评具有特殊的意义。因为外请人员具有较强的专业技能,同被考评者之间没有利害关系,因而往往比较客观公正,考评结果也容易为员工所认同。但这样做成本较高,而且对于专业性很强的内容,专家也不一定十分了解。

## 二、绩效考评的原则

在进行绩效考评的时候,一定要做到科学、公正、客观,这样的考评才有意义。为此,应该遵循以下八项原则:

### (一)制度化的原则

企业的绩效考评要作为企业的一项制度固定下来,同时,考核的标准、程序、责任等都要有明确的制度规定,并在操作中严格地按照制度的规定进行。这样,绩效考评才会具有权威性。

### (二)公开化的原则

考评的内容标准要公开,使员工认识到所有的考评对大家都是一样的,这样才能使员工对绩效考评工作产生信任感，各部门和各员工之间就不会造成人为矛盾。同时，每个员工都可以明确了解工作的要求是什么，这样就可以按照考评的标准来要求自己，提高工作效率。

### （三）客观性的原则

要做到考评标准客观、组织评价客观、自我评价客观，不能带有考评人的个人观点，尽量避免掺入主观性和感情色彩。必须用公认的标准，进行客观的评价。唯有客观性，才会保证其公正性。

### （四）分层次的原则

绩效考核最忌讳的就是用统一的标准来评价不同的人和不同的工作要求。不同层次的员工，考评的标准和考核的内容是不同的。比如，对一般员工的考评，主要考评其完成工作的数量、质量、效益及工作态度等；而对于主管人员来说，则不仅要考评其完成工作任务的数量、质量及效益，还要考评其企业及各部门目标的实现程度，再就是考评作为主管人员在计划、决策、指挥、激励、授权、培养人才等方面的成绩。

### （五）同一性和差别性原则

在考评相同类别的员工时要用同一标准、同一尺度去衡量，同样的工作内容、工作职位不能用不同的标准去考核。例如，企业中不同部门的秘书工作，工作内容大致是相同的，可以用同一种考评标准来进行考核。在考核不同类别的员工时，要注意用不同的标准和尺度去衡量。例如，生产部门可以用产品的产量、合格率、物耗等指标，而销售部门则用销售额、销售费用、回款率等指标来进行衡量。

### （六）单头考核原则

一些企业在考评时出现了员工与考评者、管理者之间的摩擦，最主要的原因就是在考评时多重考评、多头领导。在企业中最了解员工工作情况的是员工的直接主管。如果在考评时，间接管理者对员工的工作情况妄加指责，就容易造成不公平现象，就会出现摩擦。当然，并不排除间接的上级对考评的结果进行调整和修正。

### （七）反馈的原则

对员工进行考评以后要把考评结果直接告诉员工，使员工能明白自己工作的成绩和不足,同时,要向其提供对于今后工作的参考意见;还应及时将考核的结果反馈给公司培训部门,培训部门根据考评结果,有针对性地加强员工培训工作。

### (八) 差别性的原则

考评方法要能评出工作的好坏差别。正常情况下,员工在工作中的成绩是有差别的,考评方法要正确体现员工工作中的这种差别,使考核带有刺激性,鼓舞员工上进。

## 三、绩效考评体系

### (一) 绩效考评的特征

有效的绩效考评系统应该同时具备敏感性、可靠性、准确性、可接受性和实用性五个特征。

1. 敏感性

敏感性指的是工作绩效考评系统具有区分工作效率高的员工和工作效率低的员工的能力;否则既不利于企业进行管理决策,也不利于员工自身的发展,而只能挫伤主管人员和员工的积极性。如果工作评价的目的是升迁推荐等人事管理决策,评价系统就需要收集关于员工之间工作情况差别的信息;如果工作评价的目的是促进员工个人的成长发展,评价系统就需要收集员工在不同阶段自身工作情况差别的信息。

2. 可靠性

绩效考评体系的可靠性指的是评价者判定评价的一致性,不同的评价者对同一个员工所做的评价应该基本相同。当然,评价者应该有足够的机会观察工作者的工作情况和工作条件。只有来自组织中相同级别的评价者,才可能对同一名员工的工作业绩得出一致性的评价结果。

3. 准确性

绩效考评的准确性指的是应该把工作标准与组织目标联系起来、把工作要素和评价内容联系起来,进而明确一项工作成败的界限。工作绩效标准是就一项工作的数量和质量要求,具体规定员工行为组合可接受的界限。我们知道,工作分析是描述一项工作的要求和对员工的素质要求,而工作绩效标准是区分工作绩效合格与不合格的标准,实际的工作绩效评价则是具体描述员工工作中的优缺点。业绩考评的准确性要求对工作分析、工作标准和工作绩效评价系统进行周期性的调整和修改。

4. 可接受性

绩效考评体系只有得到管理人员和员工的支持才能推行。因此，绩效考评体系经常需要员工的参与。业绩评价中技术方法的正确性和员工对评价系统的态度都很重要。

5. 实用性

业绩考评体系的实用性指的是评价系统的设计、实施和信息利用都需要花费时间、努力和金钱，组织使用业绩考评系统的收益必须大于其成本。

在员工工作绩效考评体系的设计过程中，既需要根据绩效考评的目的来确定合适的评价者和评价标准及评价者的培训等问题，也需要选择适合企业自身情况的具体考评方法。员工绩效考评的标准可能是员工的行为表现，也可能是员工工作的结果，还可能是员工的个人特征。员工的工作绩效考评方法有很多种类，这些考评方法又可以分为客观类的评价方法和主观类的评价方法。另外，在考评体系设计的过程中，还需要决定员工绩效考评的周期长短。

## （二）考评体系的设计

1. 评价者的选择

在员工绩效考评过程中，对评价者的基本要求有以下三个方面：第一，评价者应该有足够长的时间和足够多的机会观察员工的工作情况；第二，评价者有能力将观察结果转化为有用的评价信息，并且能够使绩效考评系统可能出现的偏差最小化；第三，评价者有动力提供真实的员工业绩评价结果。不管选择谁作为评价者，如果评价结果的质量与评价者的奖励能够结合在一起，那么评价者都会更有动力去做出精确客观的评价。一个值得注意的现象是，这种对评价者的激励与评价系统的设计和选择是同样重要的。一般而言，员工在组织中的关系是上有上司，下有下属，周围有自己的同事，组织外部还可能有客户。因此，可能对员工工作绩效进行评价的候选人有以下五种类型：

（1）员工的直接上司

在某些情况下，直接上司往往熟悉员工的工作情况，而且也有机会观察员工的工作情况。直接上司能够比较好地将员工的工作与部门或整个组织的目标联系起来，他们也对员工进行奖惩决策。因此，直接上司是最常见的评价者。但是这种评价的一个缺点是如果单纯依赖直接上司的评价结果，那么直接上司的个人偏见、个人之间的冲突和友情关系将可能损害评价结果的客观公正性。为了克服这一缺陷，许多实行直接上司评价的企业都要求直接上司的上司检查和补充评价者的考评结果，这对保证评价结果的准确性有很大作用。

但有些企业采取的是矩阵式的组织结构，一个员工需要向多个主管报告工作；或者即使在非矩阵式的组织结构中，一位员工也可能与几个主管人员有一定程度上的工作联系。在这种情况下，综合几个主管人员对一个员工的评价结果会改进员工绩效考评的质量。

（2）员工的同事

一般而言，员工的同事能够观察到员工的直接上司无法观察到的某些方面。特别是在员工工作指派经常变动，或者员工的工作场所与主管的工作场所是分离的情况，主管人员通常很难直接观察到员工的工作情况，如推销工作。这时就既可以通过书面报告方式来了解员工的工作业绩，也可以采用同事评价。在采用工作团队的组织中，同事评价就显得尤为重要。

（3）员工的下级职员

下级职员的评价有助于主管人员的个人发展，因为下级人员可以直接了解主管人员的实际工作情况、信息交流能力、领导风格、解决个人矛盾的能力与计划组织能力。在采用下级评价时，上下级之间的相互信任和开诚布公是非常重要的。在通常情况下，下级评价方法只是作为整个评价系统的一部分。

（4）员工的自我评价

关于员工自我评价的作用问题长期以来一直是有争议的。这一方法能够减少员工在评价过程中的抵触情绪，在工作评价和员工个人工作目标结合在一起时很有意义。但是，自我评价的问题是自我宽容，常常与他人的评价结果不一致，因此，比较适合于个人发展用途，而不适合于人事决策。不难发现，有效的工作规范和员工与主管人员之间良好的沟通是员工自我评价发挥积极作用的前提。此外，经验表明，员工和主管人员双方关于工作业绩衡量标准的看法的一致性越高，双方对评价结果的结论的一致性也就越高。

（5）客户的评价

在某些情况下，客户可以为个人与组织提供重要的工作情况反馈信息。虽然客户评价的目的与组织的目标可能不完全一致，但是客户评价结果有助于为晋升、工作调动和培训等人事决策提供依据。

2. 评价信息来源的选择

员工业绩考评的标准和执行方法要取决于开展绩效考评的目的。因此，在确定评价信息的来源以前，应该首先明确绩效考评的结果是为谁服务的，以及他们需要用这些绩效考评信息来做什么。评价信息的来源与评价目的之间的配合关系可以从两个方面来认识：第一，不同评价者提供的信息来源，对人力资源管理中的各种目标具有不同的意义；第二，根据不同的评价标准得到的员工业绩考评信息，对人力资源管理中的各种目标也具有不同的意义。如果为了给奖金的合理发放提供一个依据，就应该选择反映员工工作结果的标准来进行评价。如果为了安排员工参加培训或者要帮助他们进行职业前程规划，就应该选择工作知识等员工的个人特征作为评价标准。如果要剔除最没有价值的员工，那么就应该选择违反操作规程的行为或产生的不良后果作为评价标准。

3. 评价者的准备

一个好的评价者应该起到一个教练的作用，要能够激励员工。在工作绩效考评过程中评价者容易出现的错误有对员工过分宽容或者过分严厉、评价结果集中、出现光环效应和产生对比误差等。其中，光环效应是指评价者根据自己对员工的基本印象进行评价，而不是把他们的工作表现与客观的工作标准进行比较。为了最大限度地减少这些业绩评价错误，应该在每次开展绩效考评前对评价人员进行培训。在培训评价者的过程中，提高工作绩效考评的可靠性和有效性的关键是应用最基本的学习原理，这就要求鼓励评价者对具体的评价行为进行记录，给评价者提供实践的机会，组织培训的主管人员要为评价者提供反馈信息，并适时地给予鼓励。此外，还要进行温习训练，巩固理想的评价行为。

通过对负责员工绩效考评的管理人员进行培训，使其在整个绩效考评过程中能够做到以下三个方面：第一，在绩效考评前就经常与员工交换工作意见，参加企业组织的关于员工绩效考评的面谈技巧的培训。学会在与员工的面谈中采用问题处理方式，而不是"我说你听"的方式。同时，应该鼓励员工为参加评价和鉴定面谈做好准备。第二，在绩效评价中，主管人员要鼓励员工积极参与评价工作的过程，不评论员工个人的性格与习惯，注意倾听员工的意见，最后要能够使双方为今后的工作目标改进达成一致的意见。第三，在绩效考评后，主管人员要经常与员工交换工作意见，定期检查工作改进的进程，并根据员工的表现及时给予奖励。

4. 绩效考评方法的选择

员工绩效考评方法可以分为员工特征导向的评价方法、员工行为导向的评价方法和员工工作结果导向的评价方法。

（1）员工特征导向的评价方法

这种评价方法是以员工特征为基础的业绩评价方法，衡量的是员工的个人特性，如决策能力、对工作的忠诚度、人际沟通技巧和工作的主动性等方法。这种评价方法主要是回答员工"人"做得怎样，而不重视员工的"事"做得如何。这类评价方法最主要的优点是简便易行，但也有严重的缺陷。首先，以员工特征为基础的评价方法的有效性差，评价过程中所衡量的员工特征与其工作行为和工作结果之间缺乏确定的联系。例如，一名性情非常暴烈的员工在对待客户的态度上却可能非常温和。其次，以员工特征为基础的评价方法缺乏稳定性，特别是不同的评价者对同一个员工的评价结果可能相差很大。最后，以员工特征为基础的业绩评价结果能为员工提供有益的反馈信息。

（2）员工行为导向的评价方法

在工作完成的方式对于组织的目标实现非常重要的情况下，以员工行为为基础的业绩考评方法就显得特别有效。例如，一名售货员在顾客进入商店时应该向顾客问好，帮助顾客寻找他们需要的商品，及时地开票和收款，在顾客离开时礼貌地道谢和告别。这种评价方法能够为员工提供有助于改进工作绩效的反馈信息，但是这种评价方法的缺点是无法涵盖员工达成理想工作绩效的全部行为。

（3）结果导向的评价方法

这种方法是以员工的工作结果为基础的评价方法，先为员工设定一个最低的工作业绩标准，然后将员工的工作结果与这一明确的标准相比较。当员工工作任务的具体完成方法不重要，而且存在着多种完成任务的方法时，这种结果导向的评价方法就非常适用。工作标准越明确，业绩评价就越准确。工作标准应该包括两种信息：一是员工应该做什么，包括工作任务量、工作职责和工作的关键因素等。二是员工应该做到什么程度，即工作标准。每一项工作标准都应该清楚明确，使管理者和员工都了解工作的要求，了解是否已经满足了这些要求。而且，工作要求应该有书面的工作标准。其实任何工作都有数量和质量两个方面的要求，只不过是二者的比例不同。由于数量化的工作结果标准便于应用，因此，应该尽可能把最低工作要求数量化。

结果导向的评价方法的缺点包括以下四个方面：第一，在很多情况下，员工最终的工作结果不仅取决于员工个人的努力和能力因素，也取决于经济环境、原材料质量等多种其他因素。因此，这些工作的业绩考评很难使用员工工作的结果来评价，即使勉强使用也缺乏有效性。第二，结果导向的业绩评价方法有可能强化员工不择手段的倾向。例如，提供电话购物服务的公司如果用员工的销售额来评价员工的业绩，那么员工就可能中途挂断顾客要求退货的电话，结果损害顾客的满意程度，减少重复购买率，这显然不利于组织的长期绩效提升。第三，在实行团队工作的组织中，把员工个人的工作结果作为业绩考评的依据会加剧员工个人之间的不良竞争，妨碍彼此之间的协作和相互帮助，不利于整个组织的工作绩效。第四，结果导向的业绩评价方法在为员工提供业绩反馈方面的作用不大，尽管这种方法可以告诉员工其工作成绩低于可以接受的最低标准，但是它无法提供如何改进工作绩效的明确信息。

在为具体的工作设计业绩考评方法时，需要谨慎地在这些类别中进行选择。除非员工的行为特征与工作绩效之间存在着确定的联系，否则就不应该选择这种简便的方法。一般而言，行为导向的评价方法和结果导向的评价方法的有效性比较高，这两类方法的某种结合可以胜任对绝大多数工作进行评价。

（4）工作绩效评价的周期

工作绩效评价周期是指员工接受工作业绩考评的时间间隔。员工业绩考评的周期应该受到以下三个因素的影响：

①根据奖金发放的周期长短来决定员工绩效考评的周期。例如，半年或者每一年分配一次奖金，因此对员工的业绩考评也要间隔半年或一年，在奖金发放之前进行一次。

②根据工作任务的完成周期来决定业绩考评的周期。

③根据员工的性质来决定业绩考评的周期。对于基层的员工，他们的工作绩效可以在比较短的时间内得到一个好或者不好的评价结果，因此，评价周期就可以相对短一些；而对于管理人员和专业技术人员，只有在比较长的时间内才能看到他们的工作成绩，因此，对于他们的业绩考评的周期就应该相对长一些。

如果每个管理人员负责考评的员工数量比较多，那么在每次绩效考评的时候对这些管理人员来说工作负担就比较重，甚至可能因此影响业绩考评的质量。因此，也可以采取离散的形式进行员工绩效考评，即当每位员工在本部门工作满一个评价周期（如半年或一年）时对这位员工实施业绩考评。这样就可以把员工业绩考评工作的负担分散到平时的工作中。

在很多情况下，企业在员工进入组织满一年时会对他们的工作绩效进行一次评价。但是一年一次或两次绩效评价可能太少，因为评价者很难记住员工在长时间中的表现，容易发生错觉归类（Fault Categorization）。这种心理现象是指人们往往忘记他们观察过的事物的细节，而是根据脑海中已经存在的心理类别，重新建立他们认为是真实的细节。

## 第三节　关键业绩指标体系的建立和选择

### 一、关键业绩指标

#### （一）建立关键指标体系的原则

（1）体现企业的发展战略与成功的关键要点。

（2）强调市场标准与最终成果责任，对于使用关键指标体系的人而言应该有意义，并且可以对其进行测量与控制。

（3）在责任明确的基础上，强调各部门的连带责任，促进各部门的协调，不迁就部门的可控性和权限。

（4）主线明确，重点突出，简洁实用。

### （二）关键绩效指标体系的构成

一般而言，公司关键绩效指标由以下三个层级构成：

（1）公司级关键绩效指标：是由公司战略目标演化而来的。

（2）部门级关键绩效指标：是根据公司级关键绩效指标和部门职责来确定的。

（3）由部门关键绩效指标落实到具体岗位（或子部门）的业绩衡量指标。

### （三）建立战略导向的企业 KPI 体系的意义

KPI 是衡量企业战略实施效果的关键指标，其目的是建立一种机制，将企业战略转化为内部过程或活动，以不断增强企业的核心竞争力并持续取得高效益。它使考评体系不仅成为激励约束手段，更成为战略实施工具。

企业在经营过程中，随着市场环境和企业内部状况的变化，经营者、管理者在不同时期会设定不同的战略目标，管理者在不同时期的关注重点也会有所区别，这种变化必须通过绩效指标的变化和调整来引导员工将注意力集中于企业当前的经营重点。将企业在不同时期关注的 KPI 体系称为战略导向 KPI 体系，企业不同时期所有 KPI 体系的集合称为 KPI 库。企业必须建立动态开放的 KPI 库，通过不断的完善和积累，形成企业的资源库，根据战略的调整从指标库直接选取合适的 KPI 进行考核和评价。

建立战略导向的企业 KPI 体系的意义，在于使 KPI 体系不仅成为企业员工行为的约束机制，同时，发挥战略导向的牵引作用。通过员工的个人行为目标与企业战略相契合，使 KPI 体系有效地阐释与传播企业战略，成为企业战略实施的工具。

这是对传统绩效考核理念（以控制为核心）的创新。战略导向的 KPI 体系在评价、监督员工行为的同时，强调战略在绩效考评过程中的核心作用。

## 二、建立 KPI 体系

### （一）建立 KPI 体系的前提

要建立企业的 KPI 体系，首先必须明确所建立的 KPI 体系的导向是什么，也就是必须先回答下列问题：

（2）企业的战略是什么？

（2）成功的关键因素是什么？

（3）什么是关键绩效？

（4）怎样处理好绩效考评的基本矛盾？

（5）如何协调扩张与控制、收益增长与潜力增长、突出重点与均衡发展、定量考核与定性评价之间的关系？

（6）是考评结果还是考评过程？

（7）应建立一种什么样的运营机制？

回答了上述问题以后，就要开始 KPI 的分解，建立 KPI 体系一般有两条主线：按组织结构分解为目标—手段方法；按主要流程分解为目标—责任方法。

## （二）建立 KPI 体系的方式

1. 依据部门承担责任的不同建立 KPI 体系，如表 5-1 所示

表 5-1　依据部门承担责任的不同建立 KPI 体系

| 部门 | 指标侧重 | 指标名称 |
|---|---|---|
| 市场部 | 市场份额指标 | 销售增长率、市场占有率、品牌认识度、销售目标完成率、市场竞争比率 |
|  | 客户服务指标 | 投诉处理及时率、客户回访率、客户档案完整率、客户流失率 |
|  | 经营安全指标 | 贷款回收率、成品周转率、销售费用投入产出比 |
| 生产部 | 成本指标 | 生产效率、原料损耗率、设备利用率、设备生产率 |
|  | 质量指标 | 成品一次合格率 |
|  | 经营安全指标 | 原料周转率、备品周转率、在制品周转率 |
| 技术部 | 成本指标 | 设计损失率 |
|  | 质量指标 | 设计错误再发生率、项目及时完成率、第一次设计完成到产前修改次数 |
|  | 竞争指标 | 在竞争对手前推出新产品的数量、在竞争对手前推出新产品的销量 |
| 采购部 | 成本指标 | 采购价格指数、原材料库存周转率 |
|  | 质量指标 | 采购达成率、供应商交货一次合格率 |
| 人力资源部 | 经营安全指标 | 员工自然流动率、人员需求达成率、培训计划完成率、培训覆盖率 |

## 2. 依据职类职种工作性质的不同建立 KPI 体系，见表 5-2 所示

表 5-2 依据职类职种工作性质的不同建立 KPI 体系

| 职类 | 职种 | 职种定义 | 指标名称 |
|---|---|---|---|
| 管理服务类 | 财经 | 负责资产的计划、管理、使用与评估工作，对企业财经系统的安全运营与效益承担责任 | 预算费用控制、支出审核失误率、资金调度达成率 |
| | 人力资源开发 | 依据战略要求，保障人才供给，优化人才结构，提高员工整体素质，对人力资源管理与开发系统的有效运营承担责任 | 员工自然流动率、人员需求达成率、培训计划达成率、核心人才流失率 |
| 市场类 | 营销支持 | 及时有效地为营销活动提供支持与服务，对企业的产品与服务品牌的认知度、忠诚度、美誉度承担责任 | 市场占有率、品牌认知度投诉处理率、客户档案完整率 |
| | 营销 | 从事产品市场拓展与商务处理工作，及时满足客户需求，对企业产品的市场占有率与覆盖面承担责任 | 销售目标达成率、销售增长率、销售货用投入产出比、贷款回收及时完成率 |
| | 采购 | 保障原、辅料的有效供应，对原、辅料的质量及供应的及时有效承担责任 | 采购任务达成率、采购价格指数、供应商一次交货合格率 |
| 技术类 | 工艺技术 | 从事原料仓储、生产工艺的技术支持工作，保障生产工艺准确实施，预防保养生产线，对生产环节的高效运行承担责任 | 设计及时完成率、技术服务满意度、生产设备技术故障停工时数 |
| | 研发 | 从事产品及相关技术等的研发与创新工作，对确立产品及技术在行业中的优势地位承担责任 | 设计损失率、第一次设计完成到投产修改次数、单项目及时完成率 |

## 3. 依据平衡记分卡建立 KPI 体系，见表 5-3 所示

平衡记分卡的核心思想是通过财务、客户、内部经营过程、学习与成长四个方面指标之间相互驱动的因果关系实现绩效考评——绩效改进及战略实施——战略修正的目标。一方面，通过财务指标保持对组织短期业绩的关注；另一方面，通过员工学习、信息技术的运用与产品、服务的创新提高客户的满意度，共同驱动组织未来的财务绩效，展示组织的战略轨迹。

与传统的绩效评价方法相比，平衡记分卡不仅突破了传统绩效评价方法的局限性，也超越了单纯的绩效评价功能。它通过将财务、顾客、内部经营过程和学习与成长这四类指标有机地整合在一起，把传统意义上的业绩评价与企业的竞争能力、绩效管理和长远发展

紧密联系起来，这一切均源自其科学的"平衡性"和"战略性"。

表 5-3　依据平衡记分卡建立 KPI 体系

| 指标类别 | 指标侧重 | 指标名称 |
|---|---|---|
| 财务指标 | 财务效益状况 | 净资产收益率、总资产报酬率、销售营业利润率、成本费用利润率、资本保值增值率 |
| | 资产运营情况 | 总资产周转率、流动资产周转率、存货周转率、应收账款周转率 |
| | 偿债能力状况 | 资产负债率、流动比率、速动比率、总资产增长率、固定资产成新率、三年利润平均增长率、三年资本平均增长率 |
| | 发展能力状况 | 销售营业增长率、资本积累率、长期资产适合率 |
| 客户指标 | 价格状况 | 价格波动率 |
| | 服务状况 | 促销效益比率、客户满意度、客户档案完整率 |
| | 品牌状况 | 产品上架率、动销率、投诉处理及时率、货款回笼率、销售收入完成率、信息反蚀及流向、相对市场占有率 |
| 内部运营指标 | 质量状况 | 原辅料采购计划完成率、原料质量一次达标率、正品率、工艺达标率 |
| | 成本状况 | 采购价格综合指数、原辅料耗损率、单位成品原辅料成本 |
| | 效率状况 | 配送及时率、设备有效作业率、产品供货周期、生产能力利用率 |
| 学习与发展指标 | 学习指标 | 培训覆盖率、核心人才流失率、人才适配度 |
| | 发展指标 | 技术与产品储备度、产品创新程度 |

（1）平衡记分卡的"平衡性"

平衡记分卡作为一个学习的系统，一个传播企业使命与战略的系统，一个告知雇员什么是促使企业成功的业绩驱动因素的系统，之所以冠以"平衡记分"是相对于以往传统的业绩评价方法导致的以偏概全、以局部代整体的情况而言的。它综合了企业的各个方面，从整体上对企业进行评价，既有整体思想，又有局部概念。它在以下四个方面起到了传统业绩评价方法所不能起到的平衡作用。

①在评价的范围上，实现了外部衡量和内部衡量的平衡。传统业绩评价方法通常只注重企业内部，而平衡记分卡将评价视野扩展到企业的外部利益相关者，关注如何吸引股东、如何让股东满意和如何赢得顾客等问题。同时，平衡记分卡还将内部流程与雇员的学习成长这些企业的无形资产作为评价企业成功的因素，作为将知识转化为发展动力的一个必要渠道，从而实现企业内外部的平衡。

②在评价的时期上，实现了短期衡量和长期衡量的平衡。传统的业绩评价系统偏重于对过去活动结果的财务衡量，并针对这些结果做出某些战术性反馈，控制短期经营活动，以维持短期的财务成果。这导致公司急功近利，在短期业绩方面投资过多，在长期的价值

创造方面，特别是有助于企业成长的无形资产方面投资过少，甚至削减了这方面的投资，从而抑制了企业创造未来价值的能力。平衡记分卡的四个计量方面则克服了这一弱点。通过设计出一套监督企业在未来目标实施过程中的位置和方向的指标，使企业了解自己在未来发展的全方位的情况。

③在评价的层次上，实现了成果衡量和动因衡量的平衡。企业应当清楚其所追求的成果（如利润、市场占有率）和产生这些成果的原因——动因（如新产品开发投资、员工训练、信息更新）。只有准确地找到这些动因，企业才可能有效地获得所需的成果。平衡记分卡正是按照因果关系构建的，同时结合了指标间的相关性，提供了把战略转化成可操作内容的一个框架。根据因果关系，对企业的战略目标进行划分，制定出实现企业战略目标的几个子目标，这些目标是各个部门的目标。同样，各中级目标或者评价指标可以根据因果关系继续细分，直至最终形成可以指导个人行动的绩效指标和目标。

④在评价的性质上，实现了定量衡量和定性衡量的平衡。传统业绩评价系统主要应用定量指标（如利润、员工流动率、顾客抱怨次数），是因为定量指标比较准确，而且便于在各企业间进行比较，具有一定的客观性。但定量数据多为基于过去的事件而产生，与它直接相联系的是过去，因此，定量数据的分析需要以"趋势可预测"为前提。但目前企业所面临的未来越来越具有不确定性，导致基于过去对未来所做的预测其实际意义趋于递减。定性指标虽然具有较大的主观性及不确定性，有时还不容易获得，但因其具有较高的相关性、可靠性，而且可以对数据进行趋势预测，因而平衡记分卡将其引入来弥补定量指标的缺陷，使业绩评价系统更具现实价值。

（2）平衡记分卡的"战略性"

传统的评价系统，包括作业和管理控制系统都是由成本和财务模式驱动，是围绕财务评价和财务控制目标建立起来的，与企业实现其长期战略目标的关系并不太大。由于它过分强调短期财务评价，从而在战略的设计和实施之间留下缺口，造成战略制定和战略实施的脱节。对于用来制定和评价战略的信息，大部分被认为是拙劣或平庸的，数据的大部分内容不能突出关键问题，提供给高层管理人员的业务视野很狭窄，主管人员过于专注具体的经营活动，而忽视企业的战略和发展方向。结果使得公司在竞争中行动迟缓、举步艰难而难以取胜。如果说这种缺口和脱节在工业化时代还算不上致命的话，信息时代则不能容忍这种缺陷的存在和继续。

平衡记分卡成功地揭示并解决了传统经营绩效评价系统的严重缺陷，它能够紧紧围绕企业的战略目标，并将企业的长期战略和短期行动联系起来。它通过把企业的战略、任务和决策转化为具体、全面、可操作的目标和指标，从而形成集评价与激励、传播与沟通、团结与学习于一体的多功能战略性绩效管理系统。

平衡记分卡的战略性具体体现在目标远景战略化、战略目标具体化、战略实施团队化及增强具有战略意义的反馈和学习等四个方面。

①目标远景战略化。平衡记分卡立足于企业的战略来制定可实现的目标。在当今的竞争环境中，诸如质量、市场占有率、供货及时、创新能力、顾客满意度、高质量的员工队伍、生命周期等要素已被视为影响企业竞争力的重要战略要素。平衡记分卡的四类目标及具体评价指标体系中也吸纳了上述重要的战略性要素。

②战略目标具体化。平衡记分卡能够将企业的战略目标转化为详细的、可操作的具体目标和行动。例如，为了确定财务目标，企业必须考虑究竟是注重收入、市场扩张和赢利能力，还是注重现金流量的生成。从顾客角度来说，必须明确在哪些顾客群体和市场细分中竞争。如果战略目标为"作为最受顾客欢迎的供应商"，则应向顾客提供出色的服务，那么什么是出色的服务和谁是选定的顾客，就要予以明确。有时，平衡记分卡还要将企业的战略规划与年度预算编制过程相结合，从数量上予以估计和反映。

③战略实施团队化。平衡记分卡实施的效果和水平，不能仅仅依靠几个决策人员，而必须调动全体员工的生产和管理积极性。要保证全员参与，则要注重对战略目标的评价方法在各个层次上的传播与沟通，使上至总经理下至每一位员工，都十分明确企业的战略 BSC 和自己的日常工作之间的密切关系，清楚自己在企业战略中的作用与贡献，从而保证战略理解和战略实施的一致性和彻底性，进而有效地实现企业当前及长远的经营目标。

④增强战略反馈和学习。它不仅要求企业能获得正在实施的战略是否在被严格贯彻执行的反馈结果，而且要求获得已计划好的战略是否是可行的、成功的战略这一信息的反馈。前者仅仅是单循环的反馈与学习过程，而后者则是结合了既定计划所依据的假设条件及客观环境发生的变化所进行的反馈与学习。这一动态、双循环的反馈与学习系统进一步提高了平衡记分卡的战略性，使企业在不断变化的新环境下能及时追踪和把握新机遇，及时摆脱和回避新威胁和风险，不断提高企业在激烈竞争环境下的适应能力和竞争能力。

## 第四节　考核面谈、反馈与改进

绩效考评工作进行完毕之后，并不意味着绩效管理工作就万事大吉了。作为一个部门的主管，要及时向员工反馈绩效考评的结果，让每一个员工都明确自身的优点并继续保持，同时，让每一个员工明确自身的缺点并加以更正，这就需要主管人员帮助员工完成这一任务,其具体工作就是通过绩效反馈和面谈来实现。

## 一、考核面谈、反馈与改进的理论基础

### (一)绩效反馈的含义

所谓绩效反馈就是使员工了解自身绩效水平的各种绩效管理手段。绩效反馈是绩效沟通的最主要形式。同时,绩效反馈最重要的实现手段就是管理者与员工之间的有效沟通。

### (二)考核面谈、反馈与改进的理论基础——反馈干涉理论

绩效考核面谈的主要目的,一方面,是要让员工了解自己的考核结果背后的原因,以此来增加共识、减少误解和猜疑;另一方面,更重要的是要改善员工的绩效及为员工的发展提供建议。绩效考核面谈的有效性是基于反馈干涉理论的。反馈干涉理论认为,在满足以下五个基本假定的条件下,绩效考核面谈能够有效地提高员工的绩效:

①员工的行为调整取决于反馈结果与一个目标或标准的比较。

②目标或标准是分层次的。

③员工的注意力是有限的,所以只有那些反馈与标准的差距才会引起他们的注意,并调整其行为。

④注意力通常被导向层级的趋中层次。

反馈干涉改变了注意力的所在,从而影响行为"层次"的概念,对于理解员工工作中的行为及其对考核结果的反映,很有帮助。这里所说的层次,是一个认知心理学的概念,它反映了人们对于工作中个人努力目标及绩效改进措施中的努力方向。对于这样的层次的具体内容,有很多学者有不同的看法。下面,我们采用一种比较简单的三个层次的观点来分析对绩效考核面谈的启示:

第一个层次是总体任务过程的层次(meta-task processes)或称自我层次(self-level)。

在这个层次上,员工关心的问题是:"我做的工作,怎样能够为组织发展做出贡献?""我在组织中的位置是什么?""我对自己的要求是否合适?"

第二个层次是任务动机层次(task motivation)或任务层次(task level)。

它使员工关心其所执行的工作任务本身。员工考虑的将是:"这项任务到底该怎么完成?""我在这项任务中的表现如何?""能不能有更好的办法来做这件事?"

第三个层次,也是最低的层次,是任务学习层次(task learning level)。

它关注工作执行过程中的细节和员工的具体行动。比如,一个关注任务学习层次的秘

书被上级告知她在接电话方面的态度需要改进时,她会追问:"我哪句话说得不合适?""你说我该怎么说话?""我说话就是这个语气怎么办?"

一般来说,对于关注高层次的员工,绩效考核面谈应鼓励他们将工作做得更好,帮他们分析自己的定位和未来的发展,而具体提高绩效的手段可以留给他们自己来解决,因为与聪明的人谈论过于简单的问题是对聪明人的侮辱。而对于关注低层次的员工,上级人员只有手把手地教给他们如何去做,才是提高绩效的办法。这时,上级与下属一起学习公司的规定、规范,仔细分析产生绩效考核结果的工作因素,是有帮助的。当然,设法帮助他们提高自己关注的层次,也是绩效反馈面谈的一个重要目标。

研究人员对人们在绩效考核面谈中该如何关注员工的不同层次问题上提出了一些建议,如:仅集中在任务和工作绩效上,不要集中在个人或个人自我概念的任何部分;不要威吓或惊吓听众;包含如何改进的信息;与反馈同时,提出一个正式的目标设定计划;尽可能多地提供与绩效改进相关的信息,减少与他人绩效相关的信息。

## (三) 绩效反馈与面谈的目的

主管对员工的绩效情况进行评估后,必须与员工进行面谈沟通。这个环节是非常重要的。绩效管理的核心目的是为了不断提升员工和组织的绩效水平,提高员工的技能水平。这一目的能否实现,最后阶段的绩效反馈和面谈会起到很大的作用。通过绩效反馈面谈可以达到以下四个方面的目的:

1. 对绩效评估的结果达成共识

绩效评估往往包含许多主观判断的成分,即使是客观的评估指标,也存在对于采集客观数据的手段是否认同的问题。因此,对于同样的行为表现,评估者与被评估者由于立场和角色的不同,往往会给出不同的评估。因此,双方对于评估结果的认同必然需要一个过程。对评估结果达成共识有助于双方更好地对被评估者的绩效表现做出判断。

2. 让员工认识到本绩效期内自己取得的进步和存在的缺点

每个人都有被认可的需要,当员工做出成就时,他需要得到主管的承认或肯定,这会对员工起到积极的激励作用。同时,员工的绩效中可能存在一些不足之处,或者想要维持并进一步改善现有的绩效。通常来说,员工不仅关注自己的成绩和绩效结果,更希望有人指出自己需要改进的地方。通过评估反馈,主管和员工共同分析绩效不足的原因,可以找出双方有待改进的方面,从而促进员工更好地改进绩效。

3. 制订绩效改进计划

在管理者和员工就评估结果达成一致意见之后,双方应就面谈中提出的各种绩效问题制订一个详细的书面绩效改进计划。在绩效改进计划中，双方可以共同确定出需要解决的问题、解决的途径和步骤，以及员工需要管理者提供的帮助等。

4. 协商下一绩效管理周期的绩效目标和绩效标准

绩效管理是一个往复不断的循环过程，一个绩效周期的结束恰好是下一个周期的开始。因此，上一个绩效管理周期的绩效反馈面谈可以与下一个绩效周期的绩效计划面谈合并在一起进行。

### (四) 绩效反馈与面谈的原则

当主管和员工关于反馈面谈的资料均准备完毕以后，主管和员工按照原计划在预定的时间和地点，遵循科学的原则，就可以有效地实施反馈和面谈。一般来讲，在绩效考核反馈与面谈时应遵循的原则有以下十条：

1. 建立并维护彼此之间的信任

信赖可以理解为一种适合面谈的气氛。首先，面谈的地点非常重要，必须在一个使彼此都能感到轻松的场合。噪声一定要极小，没有第三者可以看到面谈的两人。要使员工感到自在，主管所说的话或是动作要使双方能顺利沟通，使员工无拘无束坦诚地表达意见。此时来一杯咖啡或红茶有助于制造良好的气氛。

在面谈时一定要以称赞和鼓励的话打开局面，这种称赞和鼓励可以营造轻松、热情、愉快及友好的氛围，使面谈在双方都愉快的气氛中开始。

2. 清楚说明面谈的目的和作用

清楚地让员工明白此次面谈要做什么，可用较积极的字眼，譬如："今天我们面谈的目的是希望大家能一起讨论一下你的工作成效，并希望彼此能有一致的看法，肯定你的优点，也找出哪些地方有待改进，紧接着我们要谈谈你的未来及将来如何合作达到目标。"明确面谈目的，可以消除被评估者心中的疑虑。

3. 鼓励员工多说话

在面谈的过程中，应当注意停下来听员工正在说什么，因为你了解的情况不一定就是真实的。鼓励下属主动参与，有利于对一些问题快速达成共识，同时便于了解下属的思想动态。

4. 注意全身心的倾听

倾听时要以员工为中心，把所有的注意力都放在员工身上，因为倾听不单是对员工的尊重，也是营造氛围、建立信赖、把握问题的关键。

5. 避免对立和冲突

在面谈中，员工往往有一种自卫的本能阻挡他接受不愿听的信息，甚至容易为此与主管发生冲突，如果主管利用自己的领导权威强行解决冲突，很可能会付出相当大的代价。它可能破坏员工与管理者之间的信赖，导致以后的沟通难以做到开诚布公。

6. 集中于未来而非过去

绩效管理的核心在于未来绩效的提升，而不是像反光镜那样聚焦过去。双方只有关注未来，才能使得员工真心实意地拥护并切实参与到绩效管理当中来，绩效管理才是真正具有激励意义的管理。

7. 集中在绩效，而不是性格特征

在绩效反馈面谈中双方应该讨论和评估的是工作绩效，也就是工作中的一些事实表现，而不是讨论员工个人的性格。员工的性格特点不能作为评估绩效的依据；在谈到员工的主要优点和不足时，可以谈论员工的某些性格特征，但要注意这些性格特征必须是与工作绩效有关的。例如，一个员工性格特征中有不太喜欢与人沟通的特点，这个特点使他的工作绩效受到影响，由于不能很好地与人沟通，影响了必要工作信息的获得，也不能得到他人很好的配合，从而影响了绩效。这样关键性的影响绩效的性格特征还是应该指出来的。

8. 找出双方有待改进的地方，制定具体的改进措施

沟通的目的主要在于未来如何改进和提高，改进包括下一阶段绩效目标的确定，以及与员工订立发展目标。

9. 该结束时立刻结束

如果你认为面谈该结束时，不管进行到什么程度都不要迟疑。下面的情况有任何一种出现均要停止面谈：彼此的信赖瓦解了，部属或主管急于前往某个地方，下班时间到了，面有倦容，等等。此时，如果预定的目标没能在结束之前达到，也要等下一次再进行。

10. 以积极的方式结束面谈

要使部下离开时满怀积极的意念，不要使员工只看到消极的一面，而怀着不满的情绪离去。

## 二、绩效考核面谈的准备

在准备工作绩效考核面谈时，需要做以下三件事情：

首先，要对工作绩效考核的资料进行整理和分析。

对即将接受面谈的员工的工作描述进行研究，将员工的实际工作绩效与绩效标准加以对比，并对员工原来的工作绩效评价档案进行审查。

其次，给员工较充分的准备时间。

应至少提前一周通知员工，使其有时间对自己的工作进行审查、反思；阅读他们自己的工作描述；分析自己工作中存在的问题，收集需要提出的问题和意见。

最后，面谈时间和地点的选择。

应当找一个对双方来说都比较方便的时间来进行面谈，以便为整个面谈过程留有较为充裕的时间。通常情况下，与办公室工人和维护工人这样低层次的员工进行面谈不应该超过一个小时，而与管理人员进行面谈则常常要花费 2～3 小时。不仅如此，面谈地点应当具有相对的安静性，以免面谈被电话或来访者打扰。

# 第六章 人力资源劳动关系与社会保障管理及实践

## 第一节 人力资源劳动关系管理及实践

### 一、劳动关系的基本理论

#### （一）劳动关系的概念及表现形式

1. 劳动关系的概念

近年来，劳资纠纷、劳动争议增多，这些均不利于建立稳定、和谐的劳动关系。劳动关系是社会生产和生活中人们相互之间最重要的联系之一。全世界大多数劳动人口正在用主要精力从事工作，并将工作作为主要收入来源。劳动关系对劳动者、企业（雇主）和整个社会有着深刻的影响。对劳动者来说，工作条件、工作性质、薪酬福利待遇将决定他们的生活水平、个人发展的机会、个人的尊严、自我认同感和身心健康。对于企业来说，员工的工作绩效、忠诚度、工资福利水平都是影响生产效率、劳动力成本、生产质量的重要因素，甚至还会最终影响企业的生存和发展。对整个社会而言，劳动关系还会影响经济增长、社会财富和社会收入的总量和分配，并进一步影响全体社会成员的生活质量。因而，研究劳动关系具有重要的理论和现实意义。

劳动关系是在就业组织中由雇佣行为而产生的关系，是组织管理的一个特定领域，它以研究与雇佣行为管理有关的问题为核心内容。劳动关系的基本含义是指管理方与劳动者个人及团体之间产生的，由双方利益引起的，表现为合作、冲突力量和权力关系的总和。它受到一定社会经济、技术、政策、法律制度和社会文化背景的影响。

2. 劳动关系的主体

从狭义上来讲，劳动关系的主体包括两方：一方是员工及以工会为主要形式的员工团体，另一方是管理方以及雇主协会组织，二者构成了劳动关系的主体。从广义上来讲，劳动关系的主体还包括政府。在劳动关系的发展过程中，政府通过立法介入和影响劳动关系，调整、监督和干预作用不断增强，因而政府也是广义的劳动关系的主体。

3. 劳动关系的表现形式

（1）合作

合作是指在就业组织中，双方共同生产产品和服务，并在很大程度上遵守一套既定制度和规则的行为。这些制度和规则是经过双方协商一致，以正式的集体协议或劳动合同的形式，甚至是以一种非正式的心理契约形式，规定双方的权利和义务。协议内容非常广泛，涵盖双方的行为规范、员工的薪酬福利体系、对员工的努力程度的预期、对各种违反规定行为的惩罚，以及有关争议的解决、违纪处理和晋升提拔等的程序性规定。

（2）冲突

劳动关系双方的利益、目标和期望不可能完全一致。对员工及工会来说，冲突的形式主要有罢工、旷工、怠工等，辞职有时也被当作一种冲突形式。对用人方而言，冲突的形式主要有惩处或解雇不服从领导的员工。

（3）力量

力量是影响劳动关系结果的能力，是相互冲突的利益、目标和期望以何种形式表现出来的决定因素。力量分为劳动力市场的力量和双方对比关系的力量。劳动关系双方都具有这两种力量，双方选择合作还是冲突，取决于双方力量的对比。

①员工的力量

员工的劳动力市场力量，反映了劳动力的相对稀缺程度，是由劳动者在劳动力市场供求中的稀缺性决定的。一般而言，劳动者的技能越高，其市场力量就越强。员工的关系力量是指劳动者进入就业组织后，所具有的能够影响雇主行为的程度。

关系力量有很多种，尤以退出、罢工、岗位三种力量最为重要。退出即劳动者辞职，它会给雇主带来额外的成本，如招聘和培训顶替辞职员工的费用；罢工即劳动者停止工作，它也会给雇主带来损失或成本；岗位是指劳动者仍旧在工作岗位上，由于主观故意或疏忽而造成的雇主的损失，如员工缺勤率上升、产品残次程度增加、给雇主带来的生产成本的增加。

员工的行为能够导致雇主的损失，所以员工就具有关系力量。劳动力市场的力量显示了员工个人获得一份好工作的能力；而关系力量则显示了员工在雇佣关系中会得到的待遇。例如，在核电厂工作的员工的关系力量就比较强。因为在核电厂，对员工的替代需要管理方付出较高的培训费用，由于巨额投资又使罢工给雇主带来的损失更加高昂，一个或少数员工的偷懒会产生灾难性的后果。相反，在只需要低技术水平的服装加工厂，员工的关系力量就会较弱。因为这类员工几乎无须培训，如果他们罢工也很容易被顶替，而偷懒和怠工的影响相对也不那么重要。所以，在其他条件相同的情况下，雇主的态度会对前者更为有利，因为如果雇主不做更多的让步，就会承担更多的由于雇员的退出、罢工和怠工而带来的成本。

②管理方的力量

管理方也具有一定的劳动力市场力量和关系力量。管理方的劳动力市场力量是指在劳动力市场上，管理方对寻找工作的人的需求，它反映了该工作的相对稀缺程度。例如，在劳动力市场上的某个阶段，对护士这一职业供不应求，那么此时对于某一医院而言，其劳动力市场的力量就要弱一些；反之，如果秘书职业供大于求，对于招聘秘书的公司来说，其劳动力市场的力量就要强一些。

管理方的关系力量是指一旦员工出于这种雇佣关系之后，管理方所能控制员工表现的程度。与员工的三大关系力量相对应，管理方也具有退出、停工和岗位的力量。管理方的岗位力量体现在：它具有指挥、安排员工工作的权力，如可以根据其个人的好恶来安排员工工作，使员工受到影响。而员工退出、罢工或辞职，或采取任何其他针对管理方的抵制活动，对管理方无论是否能起到作用，对员工而言都会造成损失。例如，员工会迫于保证金被没收的压力而减少其退出、罢工的可能，管理方控制员工的能力就强一些。管理方和员工具有各自的力量，双方的力量不是一成不变的，而是随着其他因素的影响消长变化。

（4）权力

权力一般指他人做决策的能力。在劳动关系中，权力往往集中在管理方，拥有权力的管理方在劳动关系中处于主导优势地位。管理方的权力包括：①对员工指挥和安排的权力，这是最为重要的管理方权力；②影响员工的行为和表现的各种方式，管理方行使这一权力，比较重要的途径是通过提供大量的资源，增加员工的认同感和工作绩效；③其他相当广泛的决策内容，包括产品的研发设计、对工厂和设备的投资、制定预算，以及其他与组织的生存和发展、与就业岗位有关的决策等。

由于这种向管理方倾斜的权力的存在，管理方在劳动关系中处于优势地位。这种优势地位并不是绝对的，在某些时间和场合会发生逆转。同样，这种优势地位也不是无可非议的，当员工认为这些权力不是法律赋予的，或与工人遵守的基本准则不一致，或者无法理解、不公平时，员工会采取辞职、罢工或怠工等行为。通常，管理方为保证其优势权力，会采取恩威并施的办法。同时，这种权力在多数国家也在一定程度上受到法律的保护。

## (二) 劳动法——调整劳动关系的法律

1. 劳动法与劳动关系

(1) 劳动法的概念

劳动法是指调整特定劳动关系及其与劳工关系密切联系的社会关系的法律规范的总称。劳动法所研究的劳动是职业性的、有偿的和基于特定劳动关系发生的社会劳动、劳动条件、报酬和保险福利，决定着劳动者的生活基础，在劳动关系领域，劳动者、工会和用人单位深受法律的制约和规范。

(2) 劳动法的功能

劳动关系方面的法律主要有三个功能：①保护劳动关系双方的自愿安排并为之提供保护，如劳动合同、集体合同制度。②解决纠纷，劳动法不仅赋予劳动者劳动权和保障权，而且还规定了保证这些权利实现的司法机制，这是民主法治的基本要求。③确定基本劳动标准，如最低工资、最低就业年龄、工作时间和休息休假及安全卫生标准等。

(3) 劳动法调整劳动关系

劳动法是通过平衡雇员和雇主双方之间的权利、义务关系达到调整劳动关系的目的，通过规定雇员和雇主双方的权利、义务关系，将其行为纳入法治的轨道。《中华人民共和国劳动法》规定，劳动者享有平等就业和选择职业的权利、取得劳动报酬的权利、休息休假的权利、享受社会保险和福利的权利、提请劳动争议处理的权利及法律规定的其他劳动权利。同时，劳动者应当完成劳动任务，提高职业技能，执行劳动安全卫生规程，遵守劳动纪律和职业道德。权利与义务是一致的，相对应的。劳动者的权利，即用人单位的义务；反之，劳动者的义务，即用人单位的权利。

(4) 劳动关系的调整机制

①法律调整机制

劳动关系在社会关系体系中居于重要地位，对劳动关系进行规范和调整，是各国劳动法的重要任务，也是劳动法产生的社会条件。劳动立法在各国都是调整劳动关系的主要机制。

②企业内部调整机制

企业内部调整劳动关系的机制主要有：集体协商和谈判机制，包括集体谈判和集体合同制度，但更重要的内容是指劳动关系双方性的、多层次的、内容广泛地互相协商。谈判比较正规、严肃，一旦破裂容易发生争议行为。协商则比较灵活，气氛融洽，有缓冲的余地，它可以在多层次开展，如车间分厂、总厂。协商的内容可以从日常生活到企业经营活动、无所不包。这种经常性的交流、沟通式的协商是融洽稳定劳动关系的重要制度。

工人参与管理机制是在企业内部建立雇员组织，参与企业管理的部分事务，以协调企业内部的劳动关系。重视劳动协约和就业规则的作用，建立合法完善的企业内部规章。注意对劳动关系双方进行"法制""企业共同体""伙伴关系"等意识的培育和教育，为劳动关系的稳定奠定良好基础。

③劳动争议处理机制

通过处理劳动争议案件和不当劳动行为案件来调整劳动关系，是各国普遍采用的一种比较成熟的调整劳动关系机制。因为劳动争议是劳动关系双方发生冲突、矛盾的表现，争议的有效解决就是使劳动关系双方由矛盾、冲突改变为统一、和谐。

④三方协商机制

在制定劳动法规、调整劳动关系、处理劳动争议和参与国际劳工会议方面，政府、雇主和雇员代表共同参与决定，互相影响和制衡，这是在调整劳动关系的实践中形成的有效机制。三方协商机制是国际通行的做法，也是国际劳工组织着重推行的基本原则。

2. 工资的法律保障

（1）工资的法律含义

工资是雇员生活的主要来源，支付工资是雇主与雇员劳动义务相对应的一项重要义务。劳动法中，工资是雇主依据国家有关规定或劳动合同约定，以货币形式直接支付给劳动者的劳动报酬。一般来说，工资总额由以下部分组成：计时工资、计件工资、奖金、津贴和补贴、加班加点工资、特殊情况下支付的工资。工资的种类可以是货币工资、实物工资和混合工资，其形式包括了计时工资、计件工资、奖励工资、津贴、佣金和分红等。工资的给付水平直接决定了劳动力的成本，它是由劳动生产率、通货膨胀率和市场竞争强度决定的。在市场经济条件下，工资作为劳动合同的重要条款，是由雇员和雇主定期协商决定的。

（2）工资支付原则

①协商同意原则

工资的给付标准和数额，由劳动力市场最终决定。工资应当由雇员和雇主平等地决定。当事人协商确定工资标准，是工资支付的一般原则。工资集体协商是与市场经济相适应的工资决定和制衡机制。在工资问题上实行平等协商，可以使最敏感的问题从模糊变为公开，员工的意见通过工会与企业协商及时得到沟通，矛盾得以化解。协商可以集思广益，使工资分配更加合理，从源头上避免矛盾的产生。经协商确定的工资集体协议具有法律效力，双方都要依法履行。一旦发生争议，也能依法调解。实行工资集体协商制度带来的是双赢，是企业的发展、员工权益的保障。

②平等付酬原则

工资分配应当遵循按劳分配原则，实行同工同酬。工资水平在经济发展的基础上逐步提高。国家对工资总量实行宏观调控。

③紧急支付原则

当劳动者遇有生育、疾病、灾难等非常情况急需用钱时，雇主应当提前支付劳动者应得的工资。

④依法支付原则

依法支付原则是指要按照法律规定或合同约定的标准、时间、地点、形式和方式发放工资。

⑤工资应当以法定货币支付

工资应该以法定货币支付，不得以实物及有价证券替代货币支付。

⑥工资应当按时支付

我国规定工资按月支付，即按照企业规定的每月发放工资的日期支付工资。公司必须在用人单位与劳动者约定的日期支付。如遇节假日或休息日，则应提前在最近的工作日支付。工资至少每月支付一次，实行周、日、小时工资制的，可按周、日、小时支付。

对完成一次性临时性劳动或某些具体工作的劳动者，用人单位应按有关协议或合同规定在其完成劳动任务后支付工资。劳动者与用人单位在依法接触或终止劳动合同时，用人单位应同时一次性付清劳动者工资。用人单位依法破产时，应将劳动者的工资列入清偿顺序，首先支付。

⑦工资须直接支付

工资应当支付给劳动者本人，劳动者因故不能领取工资时，可由其亲属或委托他人代领。用人单位可委托银行代发工资。支付工资时，用人单位必须书面记录支付劳动者工资的数额、时间、领取者的姓名及签字，并保存两年以上备查，应向劳动者提供一份其个人的工资清单。

（3）工资保障

①工资处理不受干涉

工资处理不受干涉，指任何人不得限制和干涉雇员处理其工资的自由。雇主不得以任何方式要求甚至强迫雇员到雇主或其他任何人的商店购买商品，亦不得强迫工人接受雇主提供的劳务服务。任何限定工资使用地点和方式的协议都是非法的、无效的。

②禁止克扣和无故拖欠劳动者工资

第一，工资不得扣除。任何组织和个人无正当理由不得克扣和拖欠劳动者的工资。克扣和拖欠劳动者工资，是一种侵权行为。所谓克扣劳动者工资，是指在正常情况下，劳动者依法律或合同规定完成了生产工作任务，用人单位未能足额支付规定的报酬，或借故不全部支付劳动者工资。通常劳动者和用人单位在一个工资支付周期内会事先商定具体付薪时间，并形成制度，超过商定付薪时间未能支付工资就是拖欠工资。拖欠原因有的是用人单位生产经营困难，资金周转受到影响，暂时不能支付；有的则是故意延期支付。任何人不得直接或间接用武力、偷窃、恐吓、威胁、开除或其他任何办法，不经雇员同意，扣除其任何数量的工资，或引诱其放弃部分工资。雇员赊贷雇主的财物一般不得在工资项目中扣除，但以原价供给的生活品、房屋租金或取暖费，以及为雇员利益而设定的储蓄互助金、统筹金等除外。

第二，扣除工资的限制。因劳动者本人原因给用人单位造成经济损失的，用人单位可按照劳动合同的约定要求其赔偿经济损失。经济损失的赔偿，可从劳动者本人的工资中扣除。但每月扣除的部分不得超过劳动者当月工资的20%。若扣除后的剩余工资部分低于当地月最低工资标准，则按最低工资标准支付。

第三，对代扣工资的限制。用人单位不得克扣劳动者工资。有下列情况之一的，用人单位可以代扣劳动者工资：A.用人单位代扣代缴的个人所得税；B.用人单位代扣代缴的应由劳动者个人负担的各项社会保险费用；C.法院判决、裁定中要求代扣的抚养费、赡养费；D.法律、法规规定可以从劳动者工资中扣除的其他费用。

③特殊情况下的工资支付

特殊情况下的工资是指依法或按协议在非正常情况下，由用人单位支付给劳动者的工资。

第一，履行国家和社会义务期间的工资。我国法律规定，劳动者在法定工作时间内依法参加社会活动期间，用人单位应视同其提供了正常劳动而支付工资。社会活动包括依法行使选举权或被选举权；当选代表出席乡（镇）区以上政府、党派、工会、青年团、妇女联合会等组织召开的会议；出任人民法庭证明人；出席劳动模范、先进工作者大会；不脱产工会基层委员会因工会活动占用的生产或工作时间；其他依法参加的社会活动。

第二，年休假、探亲假、婚假、丧假工资。根据《中华人民共和国劳动法》及相关规定，劳动者依法享受年休假、探亲假、婚丧假期间，用人单位应当按劳动合同规定的标准支付工资。

第三，延长工作时间的工资支付。有下列情形之一的，用人单位应当按照下列标准支付高于劳动者正常工作时间工资的工资报酬：A. 安排劳动者延长工作时间的，支付不低于工资的百分之一百五十的工资报酬；B. 休息日安排劳动者工作又不能安排补休的，支付不低于工资的百分之二百的工资报酬；C. 法定休假日安排劳动者工作的，支付不低于工资的百分之三百的工资报酬。在实践中要正确使用加班工资的规定。

第四，停工期间的工资。因劳动者原因造成单位停工、停产在一个工资支付周期内的，用人单位应按劳动合同规定的标准支付劳动者工资。超过一个工资支付周期的，若劳动者提供了正常劳动，则支付给劳动者的劳动报酬不得低于当地的最低工资标准；若劳动者没有提供正常劳动，应按国家有关规定办理。

④破产时工资的优先权

企业破产或司法清理时，劳动者对于企业破产或清理前应得的工资，享有优先清偿的权利。因为工资是劳动者以自己的劳动所获得的债款，所以比其他债款有优先受清偿的权利。用人单位依法破产时，劳动者有权获得其工资。

(4) 最低工资

最低工资指劳动者在法定工作时间内提供了正常劳动的前提下，其所在企业应支付的最低劳动报酬。最低工资法是国家指定的最低工资标准的法律。国家通过立法制定最低工资标准，确保用人单位支付劳动者的工资不得低于最低工资标准。最低工资法的目的在于保证工资劳动者的最低收入，使其得以维持生活、改善劳动条件，有利于安定工人生活，提高劳动力素质，确保企业公平竞争，同时有助于社会经济发展。最低工资法本身具有救济、援助最低工资收入者的重要作用，同时对确保社会公正也十分必要。国家实行最低工资保障制度。最低工资的具体标准由省、自治区、直辖市人民政府规定，报国务院备案。这从法律上保证了劳动者享有的最低工资保障权的实现。

3. 工作时间和加班时间

(1) 工作时间立法

工作时间是法律规定的劳动者每天工作的时数或每周工作的天数。

工作时间是最重要的劳动条件之一，工作时间制度是否优良，不仅影响劳动者工作权益的保障，也高度影响着企业的日常经营活动，甚至企业的竞争力。全球化时代的来临，高新技术的普遍应用，以及知识经济的发展，对落实劳动者权益的保障提出了新的要求，工时制度弹性化的调整是国际发展潮流，也是主要发达国家工时制度的发展趋势。

(2) 工作时间法规

①标准工作日

标准工作日是国家统一规定的。我国的标准工作日为每日工作 8 小时，每周工作 40

小时。

②缩短工作日

缩短工作时间是指法律规定的少于标准工作日时数的工作日，即每天工作时数少于8小时或者每周工作时数少于40小时。我国实行缩短工作日的情况主要有：A. 从事矿山井下、高山、有毒有害、特别繁重体力劳动的劳动者；B. 夜班工作；C. 哺乳期工作的女职工。

③不定时工作日

不定时工作日是指没有固定工作时间限制的工作日，主要适用于因工作性质和工作职责限制，不能实行标准工作日的劳动者。主要包括：A. 企业的高级管理人员、外勤人员、推销人员、部分值班人员和其他工作无法按标准工作时间衡量的职工；B. 企业中的长途运输人员、出租汽车司机和铁路、港口、仓库的部分装卸人员及因工作性质特殊，须机动作业的职工；C. 其他因生产特点、工作特殊需要或职责范围的关系，适合实行不定时工作制的职工。

实行不定时工作制，应履行审批手续。经批准实行不定时工作制的职工，不受劳动法规定的日延长工作时间和月延长工作时间标准的限制，其工作日长度超过标准工作日的，不算作延长工作时间，也不享受超时劳动的加班报酬，但企业可以安排适当补休。

④弹性工作时间

弹性工作时间是指在标准工作时间的基础上，每周的总工作时间不变，每天的工作时间在保证核心时间的前提下可以调节。

⑤计件工作时间

计件工作时间是指以劳动者完成一定劳动定额为标准的工作时间。对实行计件工作的劳动者，用人单位应当根据标准工时制度合理地确定其劳动定额和计件报酬标准。实行计件工作的用人单位，必须以劳动者在一个标准工作日或一个标准工作周的工作时间内能够完成的计件数量为标准，合理地确定劳动者每日或每周的劳动定额。

（3）加班加点

①加班加点的概念

加班加点，即延长劳动时间，是指劳动者的工作时数超过法律规定的标准工作时间。加班是指劳动者在法定节日或公休假日从事生产或工作。加点是指劳动者在标准工作日以外继续从事劳动或工作。为维护劳动者的身体健康和合法权益，国家法律法规严格限制加班加点。用人单位不得违反本法规定延长劳动者的工作时间。

②加班加点的工资支付

用人单位安排劳动者延长工作时间，都应当支付高于劳动者正常工作时间的工资报酬。因为加班加点，劳动者增加了额外的工作量，付出了更多的劳动和消耗，这样规定，既能够补偿劳动者的额外消耗，同时也能有效地抑制用人单位随意延长工作时间。

（4）休息休假法规

休息休假是指劳动者在国家规定的法定工作时间以外自行支配的时间。休息休假的规定是劳动者休息权的体现。根据相关法规规定，劳动者的休息时间主要有以下几种：

工作日内的间歇时间，即一个工作日内给予劳动者休息和就餐的时间。

两个工作日之间的休息时间，即一个工作日结束后至下一个工作日开始前的休息时间。

公休假日，即工作满一个工作周以后的休息时间。我国劳动者的公休假日为两天，一般安排在周六和周日。

法定休假日，即国家法律统一规定的用于开展庆祝、纪念活动的休息时间。

年休假，即法律规定的劳动者工作满一定年限后，每年享有的保留工作带薪连续休假。国家实行带薪年休假制度。劳动者连续工作一年以上的，享受带薪年休假。

探亲假，即劳动者享有的探望与自己分居两地的配偶和父母的休息时间。

## （三）劳动合同法

1. 劳动合同法概述

（1）劳动合同的概念

劳动合同是劳动者和用人单位之间确立、变更和终止劳动权利和义务的协议。建立劳动关系应当订立劳动合同。劳动合同是确立劳动关系的凭证，是建立劳动关系的法律形式，是维护双方合法权益的法律保障。根据劳动合同，劳动者加入企业事业机关、团体等用人组织内，担任一定职务或从事某种工作，并遵守所在单位的内部劳动规则和制度；用人方按照劳动的数量和质量支付劳动报酬，依法提供劳动条件，保障劳动者依法享有劳动保护、社会保险等合法权利。

（2）劳动合同的种类

劳动合同可以按照不同的标准进行划分。

①按照劳动合同的期限划分

劳动合同的期限分为有固定期限、无固定期限和以完成一定的工作为期限。劳动者在同一用人单位连续工作满十年以上，当事人双方同意续延劳动合同的，如果劳动者提出订立无固定期限的劳动合同，应当订立无固定期限的劳动合同。劳动合同的期限是企业根据生产、工作特点和需要，合理地配置人力资源的手段，也是劳动者进行职业生涯设计、分期实现就业权的方式。固定期限的劳动合同,是指明确约定合同终止时间的合同。它可以是长期的,如 5 年或 10 年;也可以是短期的,如 1 年或 3 年。无固定期限的劳动合同,是为了保护劳动者职业的稳定和安全,防止企业只在劳动者"黄金年龄"阶段进行雇用。以完成一定工作为期限的劳动合同,指以完成某项工作或某项工程的日期作为合同终止日期的劳动合同。这种合同适用于建筑业、铁路交通和水利工程等。

②按照产生劳动合同的方式划分

按照产生劳动合同的方式,劳动合同可分为以下三种方式:

录用合同,指用人方通过面向社会公开招收、择优录用的方式所签订的劳动合同。

聘用合同,指聘用方与被聘用的劳动者之间签订的明确双方责、权、利的协议。一般用于聘请专家顾问和其他专门人才。

借调合同,指借调单位、被借调单位与借调人员之间确立借调关系,明确相互责任、权利和义务的协议。适用于借调单位为调剂余缺、互相协作而签订的劳动合同。借调合同应明确约定借调人员借用期间的工资、社会保险(包括工伤保险)及其他福利待遇,以避免产生争议。

2. 劳动合同的订立

(1) 订立劳动合同的原则

订立和变更劳动合同,应当遵循平等自愿、协商一致的原则,不得违反法律、行政法规的规定。劳动合同依法订立即具有法律约束力,当事人必须履行劳动合同规定的义务。订立劳动合同必须遵循的原则有以下两点:

①平等自愿,协商一致

所谓平等,指劳动合同双方当事人在签订劳动合同时的法律地位是平等的,不存在任何依附关系,任何一方不得歧视、欺压对方。只有在法律地位平等的基础上订立、变更劳动合同条款,才具有协商的前提条件。所谓自愿,指劳动合同双方当事人应完全出于自己的意愿签订劳动合同。凡是采取强迫、欺诈、威胁或乘人之危等手段,把自己的意志强加于对方,或者所订条款与双方当事人的真实意愿不一致,都不符合自愿原则。

②依法订立

依法订立,指订立劳动合同不得违反法律、法规的规定。这是劳动合同有效并受法律保护的前提条件,也是把劳动关系纳入法治轨道的根本途径。依法订立包括:A. 主体合法。订立劳动合同的双方当事人必须具备法律、法规规定的主体资格,劳动者一方必须达到法定劳动年龄,具有劳动权利能力和劳动行为能力;用人方必须具备承担合同义务的能力。B. 目的和内容合法。劳动合同所设定的权利义务、合同条款必须符合法律、法规,不得以合法形式掩盖非法意图和违法行为。订立劳动合同,用人单位不得以任何形式收取抵押金、抵押物、保证金、定金及其他费用,也不得扣押劳动者的身份证及其他证明。实践中,要特别注意劳动合同附件、企业内部规则,不得与相关的法律法规相抵触。C. 程序合法。订立劳动合同要遵循法定的程序和步骤,要约和承诺要符合法律规定的要求。一些地方性法规具体规定了双方订立劳动合同的知情权,即用人单位应当如实向劳动者说明岗位用人要求、工作内容、工作时间、劳动报酬、劳动条件、社会保险等情况;劳动者有权了解用人单位的有关情况,并应当如实向用人单位提供本人的身份证和学历、就业状况、工作经历、职业技能等证明。D. 形式合法。劳动合同有书面形式和口头形式,我国法律规定,劳动合同应采用书面形式。劳动合同一式两份,双方当事人各执一份。

(2) 订立劳动合同的程序

劳动者和用人方在签订劳动合同时,应遵循一定的手续和步骤。签订劳动合同的程序一般有以下三点:

①提议

在签订劳动合同前,劳动者或用人方提出签订劳动合同的建议,称为要约,如用人方通过招工简章、广告、电台等渠道提出招聘要求,另一方接受建议并表示完全同意,称为承诺。一般由用人方提出和起草合同草案,提供协商的文本。

②协商

双方对签订劳动合同的内容进行认真磋商,包括工作任务、劳动报酬、劳动条件、内部规章、合同期限、保险福利待遇等。协商的内容必须做到明示、清楚、具体、可行,充分表达双方的意愿和要求,经过讨论、研究,相互让步,最后达成一致意见。要约方的要约经过双方反复提出不同意见,最后在新要约的基础上表示新的承诺。在双方协商一致后,协商即告结束。

③签约

在认真审阅合同文书,确认没有分歧后,用人单位的法定代表人(负责人)或者其书面委托的代理人代表用人单位与劳动者签订劳动合同。劳动合同由双方分别签字或者盖章,并加盖用人单位印章。订立劳动合同可以约定生效时间。没有约定的,以当事人签字或盖章的时间为生效时间。当事人签字或者盖章时间不一致的,以最后一方签字或者盖章的时间为准。

(3) 无效劳动合同确认

无效劳动合同,是指劳动者与用人方订立的违反劳动法律、法规的协议。无效劳动合同从订立时起就不具有法律效力,不受法律保护。无效劳动合同主要有:①以欺诈、胁迫的手段或者乘人之危，使对方在违背真实意思的情况下订立或者变更劳动合同的。②用人单位免除自己的法定责任、排除劳动者权利的。③违反法律行政法规强制性规定的。

(4) 劳动合同的内容和条款

劳动合同应当具备以下条款：①用人单位的名称、住所和法定代表人或者主要负责人。②劳动者的姓名、住址和居民身份证或者其他有效身份证件号码。③劳动合同期限。④工作内容和工作地点。⑤工作时间和休息休假。⑥劳动报酬。⑦社会保险。⑧劳动保护、劳动条件和职业危害防护。⑨法律、法规规定应当纳入劳动合同的其他事项。

劳动合同除前款规定的必备条款外，用人单位与劳动者可以约定试用期、培训、保守秘密、补充保险和福利待遇等其他事项。

3. 劳动合同的履行和变更

(1) 变更条件

订立劳动合同时所依据的法律、法规、规章发生变化的，应当依法变更劳动合同的相关内容。订立劳动合同时所依据的客观情况发生重大变化，致使劳动合同无法履行，当事人一方要求变更其相关内容的，如企业转产、调整生产任务；劳动者部分丧失劳动能力或身体健康状况发生变化而引起的合同变更等。

用人单位发生合并或者分立等情况，原劳动合同继续有效，劳动合同由继承权利义务的用人单位继续履行。用人单位变更名称的，应当变更劳动合同的用人单位名称。

(2) 变更程序

劳动合同当事人一方要求变更劳动合同相关内容的，应当将变更要求以书面形式送交另一方，另一方应当在15日内答复，逾期不答复的，视为不同意变更劳动合同。具体做法：①提出要求。向对方提出变更合同的要求和理由。②做出答复。在规定的期限内给予答复，如同意、不同意或提议再协商。③签订协议。在变更协议上签字盖章后即生效。

## 二、劳动关系纠纷与争议处理

### (一) 当前企业薪酬管理应对措施

1. 贯彻相对公平原则

内部一致性原则包含以下三个方面：一是横向公平，即企业所有员工之间的薪酬标准、尺度应该是一致的；二是纵向公平，即企业设计薪酬时必须考虑历史的延续性，一个一个过去的投入产出比和现在乃至将来都应该基本上是一致的，而且还应该是有所增长的。这里涉及一个工资刚性问题，即一个企业发给员工的工资水平在正常情况下只能看涨，不能看跌，否则会引起员工很大的不满。三是外部公平，即企业的薪酬设计与同行业的同类人才相比具有一致性。

具体到该企业，建议在进行充分的调查后，确立一个能够令人信服的工资标准，包括固定工资标准和浮动工资标准。在工资表中将薪酬的组成分类具体化，对绩效考核的项目进行细化，使员工能够明白自己的薪酬由哪些部分组成，金额是多少。同时，要增加透明度，因为透明且沟通良好的薪酬制度，有利于劳资双方对薪酬的认知，加速工作绩效的增长。

2. 建立合理的薪酬管理制度

建立完善的薪酬管理制度，有利于企业各部门和岗位分清职责和权限，各种制度有章可循。奖惩分明，制定公开透明的业绩评价制度，工作评价要科学合理，由此建立的报酬制度才能公平合理。

## （二）劳动争议处理

1. 劳动争议的概念

劳动争议就是劳动纠纷，是指劳动关系当事人之间因劳动权利与义务发生的争执。在我国，具体指劳动者与用人单位之间，在劳动法调整范围内，因适用国家法律、法规和订立、履行、变更、终止和解除劳动合同，以及其他与劳动关系直接相联系的问题而引起的纠纷。劳动纠纷是劳动关系不协调的反映，只有妥善、合法、公正、及时地处理劳动争议，才能维护劳动关系双方当事人的合法权益。

2. 劳动争议的种类

从世界范围来看，劳动争议一般分为两类：一类是个别争议，是指劳动者个人与用人单位之间的争议；另一类争议是因为制定或变更劳动条件而产生的争议，因为这类争议通常是多数劳动者参加，又叫集体争议。

3. 劳动争议处理的基本原则

（1）着重调解、及时处理原则

调解是处理劳动争议的基本手段，贯穿于劳动争议处理全过程。企业劳动争议调解委员会处理劳动争议的工作程序全部是进行调解。仲裁委员会和人民法院处理劳动争议，应当先行调解，在裁决和判决前还要为当事人提供一次调解解决争议的机会。调节应在当事人自愿的基础上进行，不得有丝毫的勉强或强制。

调解应当依法进行，包括依照实体法和程序法，调节不是无原则的"和稀泥"。对劳动争议的处理要及时。企业劳动争议调解委员会对案件调解不成，应在规定的期限内及时结案，避免当事人丧失申请仲裁的权利；劳动争议仲裁委员会对案件先行调解不成，应及时裁决；人民法院在调解不成时，应及时判决。

(2) 在查清事实的基础上依法处理原则

正确处理调查取证与举证责任的关系。调查取证是劳动争议处理机构的权利和责任，举证是当事人应尽的义务和责任，两者有机结合，才能达到查清事实的目的。处理劳动争议既要依实体法，又要依程序法，而且要掌握好依法的顺序，按照"大法优于小法，后法优于先法"的顺序处理。处理劳动争议既要有原则性，又要有灵活性，坚持原则性与灵活性相结合。

(3) 当事人在适用法律上一律平等原则

劳动争议当事人双方法律地位平等，具有平等的权利和义务，任何一方当事人不得有超越法律规定的特权。当事人双方在适用法律上一律平等、一视同仁，对任何一方都不偏袒、不歧视，对被侵权或受害的任何一方都同样予以保护。

4. 劳动争议处理方法

(1) 调解

企业可以设立劳动争议调解委员会，负责调解本企业的劳动争议。企业劳动争议调解委员会可以调解企业与员工之间发生的下列劳动争议：①因开除、除名、辞退员工和员工辞职、自动离职发生的争议。②因执行国家有关工资、社会保险、福利、培训、劳动保护的规定发生的争议。③因履行劳动合同发生的争议。④法律规定的其他劳动争议。

企业劳动争议调解委员会由员工代表、企业代表和企业工会代表等三部分人员组成。其中，员工代表由职工代表大会推举产生。企业代表由企业行政领导指定。企业工会代表由企业工会指定。劳动争议调解委员会主任由工会代表担任。劳动争议经调解达成协议的，当事人应当履行。

企业劳动争议的处理应按规定的程序进行。首先，由劳动争议当事人口头或书面提出调解申请。申请必须在知道或应当知道其权利被侵害之日起30日内提出，并填写《劳动争议调解申请书》。调解委员会接到申请书后，应立即进行研究，审核该事由是否属于劳动争议，是否属于调解委员会的调解范围，调解请求与事实根据是否明确。审核研究后，是否受理，都应尽快通知提出调解申请的劳动争议当事人。调解委员会受理调解申请后，必须着手进行事实调查。调解必须在查清事实、分清是非、明确责任的基础上进行。只有查清争议事项的原委，才能分清是非、明确责任，并依此进行调解。

事实调查的主要内容包括劳动争议产生的原因、发展经过和争议问题的焦点；劳动争议所引起的后果；劳动争议的当事人双方各有什么意见和要求；劳动争议所涉及的有关人员及争议有关的其他情况；企业员工对争议的看法等。经过一定的调查准备后，劳动争议调解委员会将以会议的形式实施调解。调解会议由调解委员会主任主持，有关单位和个人可以参加调解会议，协助调解。

会议首先听取当事人双方对争议案件的陈述，然后调解委员会依据查明的事实，在分清是非的基础上，依据有关法律法规，公正地将调解意见予以公布，并听取当事人双方对调解委员会所公布的案件调查情况和调解意见的看法。在此基础上进行协商，当事人双方经协商达成一致意见，可以达成调解协议。企业调解委员会调解劳动争议未达成调解协议的，当事人可以自劳动争议发生之日起60日内，向仲裁委员会提出仲裁申请。无论是达成协议，还是未达成协议的，都可以由调解委员会指定一至两名调解委员进行调解。

（2）仲裁

劳动争议仲裁，是指以第三者身份出现的劳动争议仲裁委员会，根据劳动争议当事人的申请，依法对劳动争议做出裁决，从而解决劳动争议的一种制度。

劳动争议仲裁机关是各县、市、市辖区所设立的劳动争议仲裁委员会。一般来说，劳动争议仲裁程序主要分为如下四个阶段：

第一，提出仲裁申请。由劳动争议当事人向劳动争议仲裁机关提出申请，要求依法裁决，保护自己的权益。提出仲裁申请，必须符合下列条件：①申诉必须在规定的时效以内。根据相关规定，提出仲裁要求的一方应当自劳动争议发生之日起1年内向劳动争议仲裁委员会提出书面申请。②申诉人必须与该劳动争议有直接利害关系。③申诉人必须有明确的被诉人，以及具体的申诉请求和事实依据。④申诉的案件必须在受理申诉的劳动争议仲裁委员会的管辖范围之内。

第二，仲裁机关审查。劳动争议仲裁机关在收到当事人申请仲裁的书面申请材料后，必须进行认真的审查，符合条件的劳动争议案件，仲裁机关在收到申诉书后7日内，应做出决定立案审理。

第三，立案调查取证。仲裁委员会立案受理劳动争议后，应按《劳动法》及有关条例规定，组成仲裁庭，仲裁庭由三名仲裁员组成。组成仲裁庭之后，仲裁庭成员应认真审查申诉答辩材料，调查收集证据，查明争议事实。调查取证是仲裁活动的重要阶段，是弄清事实真相、明确案件性质、正确处理争议案件的前提和基础。调查主要是为了查清争议的时间、地点、原因、经过、双方争议的焦点、证据和证据的来源等。

第四，开庭审理。在调查取证的基础上，开庭审理。仲裁庭处理劳动争议，首先应当进行调解，促使当事人双方自愿达成协议。经调解达成协议的，仲裁庭制成仲裁调解书，送达双方。一经送达，调解书即具有法律效力。若不能达成调解协议，则进行仲裁庭辩论。当事人按申诉人、被申诉人的顺序，围绕争议进行辩论，仲裁员应根据情况，将辩论焦点集中在需要澄清的问题和应该核实的问题上。

为了进一步查明当事人双方的申诉请求和争议事项，还必须进行仲裁庭调查。由证人出庭做证，仲裁机关出示证据等。仲裁庭最后应根据调查结果，和有关法律法规及时做出裁决。仲裁裁决必须在 7 日内完成。

仲裁裁决一般应在收到仲裁申请的 60 日内做出。对仲裁裁决无异议的，当事人必须履行。劳动争议当事人对仲裁裁决不服的，可以自收到裁决书之日起 15 日以内向人民法院提起诉讼。期满不起诉的，裁决书发生法律效力。一方当事人在法定期限内不起诉又不履行仲裁裁决的，另一方当事人可以申请人民法院强制执行。

仲裁庭处理劳动争议，应从组织仲裁庭之日起 60 日内结案。案情复杂，需要延期的，报仲裁委员会批准后可以适当延长，但不得超过 30 日。

## 第二节　人力资源社会保障管理及实践

### 一、社会救助

#### （一）社会救助的含义和作用

1. 社会救助的含义

社会救助是指国家和其他社会主体依法对遭受自然灾害、失去劳动能力或者其他低收入公民给予物质帮助或精神救助，以维持其基本生活需求，保障其最低生活水平的各种措施。

社会救助的含义包括：①对每一个公民来说，社会救助是他们应享受的权利，对于国家和社会来说，社会救助是他们应负的社会义务，这种权利和义务是通过立法确定的；②公民只有因自然灾害或社会经济等原因造成生活困难，不能维持最低的生活水平时社会救助才发生作用；③这一项目的受益者通常是无权享受社会保险的穷人，通常包括城乡居民中的灾民和生计发生严重困难的人，以及那些在享受了社会保险以后仍然生活在贫困线以下的个人和家庭；④资金主要来源于财政预算拨款、税收减免或社会捐赠。总之，社会救助具有在权利和义务方面的单向性、资金来源的单一性、享受对象的特殊性等特点。

2. 社会救助的作用

社会救助与社会保险一样在社会生产和扩大再生产过程中起着重要作用。其一，保障困难群体的最低生活需求。社会救助的最根本目的是扶危济困，帮助处于困境中的社会成员减轻困难程度，使他们尽快摆脱困难处境。其二，有利于稳定社会秩序。困难群体的最低生活需求得到满足有利于增强社会关系的和谐度，这为社会稳定创造了一定的条件。社会关系，尤其是经济关系的协调与和谐可以促进政治的稳定。这样，社会的各项改革才能深入下去，经济才能实现可持续发展。其三，有利于熨平经济周期。社会救助通常在财政政策中被当作自动稳定器来使用。当经济过热的时候，用于社会救助的支出会自动减少，从而抑制经济过热的程度；当经济不景气的时候，用于社会救助的支出会自动增加，从而抑制经济衰退的程度。可见，社会救助具有一定的自动熨平经济周期的作用。

## （二）社会救助的基本内容

1. 社会救助的对象

各国的社会救助制度对社会救助对象通常都会有明确的规定，即只有自我保障有困难而且确实需要国家与社会给予救助才能摆脱生存危机或困境的社会成员才能成为社会救助的对象。国际劳工组织认为，在工业化国家，所谓享有最低生活水平救助的对象是指那些收入相当于制造业工人平均工资30%的家庭和个人。各国一般是通过家庭财力（包括收入状况与资产状况）审查和就业（有劳动能力的人）审查来确认申请人领取社会救助金的资格。由于情况不同，加之社会救助体系日益发达，各国在救助对象上也各有不同的划分和偏重。我国社会救助的对象主要包括三部分人：一是"三无"人员，即无依无靠、无生活来源、无法定抚养人的社会成员，这一群体大多属于长期被救助即定期救助的对象，主要包括孤儿、孤老及无劳动收入和社会保险的劳动者、长期患病者，以及未参加养老保险又无子女的丧偶老人。二是灾民，这类社会成员有劳动能力也有生活收入来源，但由于遭受意外灾祸侵袭而使生活一时陷入困境，他们需要国家和社会给予相应的援助。三是贫困人口，有生活来源和相应的收入，但生活水平低于或仅相当于国家规定的最低标准的社会成员，这类人群也属于社会救助的对象。

2. 社会救助标准

实行社会救助的目的是保障社会成员享有最低生活水平，这种生活水平不能凭主观判断，而必须科学界定，否则社会救助的功能就不可能得到应有的发挥。同时，由于贫困救助或者低收入家庭救助是各国社会救助的主体，因此，对救助标准的确定亦以社会成员的收入状况与生活状况的贫困状态为主要依据来界定。

一般来说，社会成员的贫困状态有绝对贫困与相对贫困之分。所谓绝对贫困是指社会成员不能保证维持生命所需的最低限度的饮食和居住条件的生活状态，或者称为赤贫状态；所谓相对贫困则是指社会成员只能享有相对于当时、当地生活水平而言数量极少的消费和服务，它并非缺衣少食、受冻挨饿，而只是相对于其他居民群体拥有的消费品和服务数量少才有的"贫困"。农业社会的贫困大多数属于绝对贫困或赤贫状态，而进入工业化社会后，随着生产力的迅速发展和国家对收入分配调节力度的强化，社会成员的生活水平也会随着经济增长而日益得到普遍性的提高，昔日的绝对贫困或赤贫现象会越来越少，此时的贫困便具有相对贫困的意义了。正因为如此，现代社会举办的社会救助，其目标主要是针对相对贫困，即经过社会救助力求使属于这一群体的社会成员能够享有更加公平的生活保障。

社会救助的目标在于保障被救助者享有当时当地的最低生活标准。有效的最低生活标准应该能满足以下四个方面的需求：①基本的日常生活开支（不包括住房），如衣着、食品、水电、燃气等。②定期但非日常的生活开支，如特殊的饮食、医疗、取暖。③住房支出，如租金、购房贷款、利息等。④不定期的必要开支，如家具和家用电器的更换或维修、孕妇开支、丧葬开支等。当然，这些支出并非只以一种形式的救助金来实现。通常社会救助制度的结构是由基本救助金提供应对日常生活开支的经济帮助，其他的救助金则提供非必需的或临时性开支的经济援助。同时，由于不同人群的最低生活需求是不同的，如：老年人、儿童、成年人维持最低生活的消费支出就不同，在确定救助标准时还需要按照贫困人群的不同特点，适当地调整救助标准的结构，形成多层次的救助体系。总的来说，最低生活标准主要受以下四个因素的影响：一是一定时期的社会生产力水平。它决定着社会的富裕程度，也决定着一定时期政府实施社会救助计划的财政实力，它与社会救助的标准成正相关关系。二是一定时期的社会平均收入水平。它表明该时期满足社会基本生活所要求的收入量。一般情况下，社会救助标准应该略低于社会平均收入水平，但必须以社会平均收入水平作为标准制定的重要参考因素，在平均收入水平的基础上根据实际情况向下调整一定幅度。三是消费品价格指数。它是将收入转化为实际消费能力的最重要的制约因素。在收入水平一定的情况下，消费品价格指数高，通常收入所能转化为消费的能力就弱一些，反之就强一些。因此，确定社会救助标准必须考虑消费品价格指数因素。四是贫困人口的数量。在经济发展所能提供的济贫资金一定的情况下，贫困人口的数量制约着政府和社会对贫困人口的供养能力，进而制约着社会救助的标准，它与贫困人口的数量成反比关系。上述四个因素是各国决定社会救助标准时必须加以考虑的宏观因素。

## 二、失业保险

### (一) 失业保险的相关概念

失业保险是指国家以立法的形式集中建立保障资金，对收入中断的失业者在一定时期内提供基本生活保障的一种社会保险制度。其核心内容是通过集中建立失业保险基金，分散失业风险，使暂时处于失业状态的劳动者得到最基本的生活保障，通过就业培训，使失业者尽快就业。它属于社会保险范畴，同生育保险、伤残保险、死亡保险、疾病保险、养老保险等一起共同构成社会保险体系。作为社会保险形式，它不同于商业保险，而具有强制性、普遍性、互济性和社会性的特点。

世界各国的失业保障制度总结起来有以下三种基本类型：第一种是国家立法强制实施的失业保险制度。这是目前采用最多的一种失业保障模式。这种模式的具体做法是强制性的失业保险由国家直接管理或委托相关机构管理，凡符合要求的在失业保险覆盖范围之内的人群或企业都需要参加失业保险的一种模式。第二种是非强制性的失业保险制度。这种模式由工会组织建立，政府提供一定的支持。劳动者有选择参加或者不参加失业保险的权利，政府不做强制性的要求。第三种是失业救济制度。这种制度是对失业的人群给予一定的救济，这种方式有多种具体的实施方法，如政府或者企业支付一次性的失业救济金帮助失业者渡过难关。这三种方式之间没有明显的排斥性，各国政府或者企业根据本国或者本地区的实际情况进行综合运用，其中，包括国家立法强制实施的失业保险制度与失业救济制度相结合，以及非强制性的失业保险制度与失业救济制度相结合。

### (二) 失业保险制度的基本内容

1. 失业保险的基本模式

从目前实行失业保险制度或类似失业保险制度的国家来看，大致可以将失业保险划分为以下四种类型：强制性失业保险、非强制性失业保险、失业补助制度及双重失业保险制度。

强制性失业保险是指依据国家立法，在立法范围之内的人员不论是否愿意参加，只要符合国家法律规定都得强制参加失业保险。

非强制性失业保险是指在立法范围之内的人员是否参加失业保险取决于受保人个人的意愿，国家法律不做强制要求，而一旦参加了失业保险，就必须根据失业保险法律的规定接受管理，这些管理包括应承担的义务和应该享受的权利。这种模式最大的特点就在于将是否参与失业保险的权利交给了受保人。这在一定程度上体现了公民自主选择的权利，但也在一定程度上削弱了失业保险的作用。

失业补助制度是指由国家单方面出资对符合法律规定的失业人群给予失业补助。领取失业补助有着较为严格的限制，必须经过相关机构的收入调查。经有关机构的批准，才可以对贫困的失业者给予救济。这种制度的特点在于减轻了雇主和雇员的经济压力，但由于受国家财政的限制，存在着救助范围较小及救助标准较低的问题。

双重失业保险制度指的是不同失业保险制度相结合或者失业保险制度和失业补助制度相结合的一种失业保险模式，其中较为普遍的一种双重失业保险制度是以失业保险制度为主、失业补助制度为辅的双重方式。虽然是失业保险制度与失业补助制度同时施行，但两者在保障基本生活及创造再就业条件方面的功能是一致的。在现实中这种制度有很多种形式，如：德国和法国将强制性失业保险制度与失业补助制度相结合；芬兰和瑞典将非强制性失业保险制度与失业补助制度相结合。

2. 失业保险基金的筹集方式

失业保险基金的来源主要有以下三个方面：雇主缴纳失业保险费、雇员缴纳失业保险费及政府财政补贴。此外，通过失业保险基金衍生出来的利息收益和各种投资收益是其补充来源。各国政府通过社会对失业保险的需求、相关政策、历史经验、财政状况、企业和雇员的承担能力、失业政策的指导思想和定位等因素的判断来决定采取何种失业保险基金筹集的组合方式。

3. 失业保险的享受资格

（1）失业者的失业原因必须是非自愿失业

失业保险金给付一般把失业与无业、自愿性失业与非自愿性失业明确地区分开来。对于自愿失业或者无业的人员，则不在失业保险的救助范围之内。

（2）处于法定劳动年龄

未达到法定年龄的劳动者无法享受失业保险待遇，超过法定就业年龄的劳动者原则上来说也就不再享有失业保险的相关待遇。

（3）有就业愿望

有就业愿望是指失业者到规定的失业保险登记部门进行失业登记，并参与就业培训，这被视为有就业愿望。但有就业愿望之后，如何确定劳动者已经实现合适就业并不再需要失业保险却是一个难点。国外对于这个问题一般从接受教育培训、身心条件和工作经历三个方面加以考虑。只要这三者对于劳动者来说较为合适，那么就可以认为劳动者已经实现了合适的就业。

（4）被保险人在失业前已经缴纳保险费达到特定的数额或年限

这在不同的国家有着不同的规定，有的国家规定被保险人在投保或缴纳保险费达到特定的数额即可以享受失业保险的待遇；有的国家则规定被保险人在投保或缴纳保险费达到特定的年限后即可以享受失业保险的待遇。在此条件下，有的国家还要求有过就业经历并且就业时间符合法律的规定。

### 三、工伤保险

#### （一）工伤及工伤保险的概念

"工伤"一词原指职业伤害，国外习惯称之为"劳灾伤害"，在我国习惯称之为"工伤事故"。工伤作为工业社会的副产品，其概念随着经济和产业的发展，以及相应国家立法的完善而日益成熟。最初它仅仅是指在工业事故中工人所遭受的人身伤害，后来将职业病纳入其中，再后来将工人上下班的交通事故、出差遇到事故等一系列与工作有关的情形都纳入工伤的范围之内。

工伤保险又称职业伤害保险、工伤赔付保险，是指劳动者在生产经营活动中或在规定的某些特殊情况下所遭受的意外伤害、职业病，以及因这两种情况造成死亡、劳动者暂时或永久丧失劳动能力时，劳动者及其家属能够从国家、社会得到必要的物质补偿。其目的在于保障劳动者获得医疗救济、经济补偿和职业康复的权利，促进安全生产和社会安定与发展。

#### （二）工伤保险的类型

1. 雇主责任保险型工伤保险

雇主责任保险型工伤保险是指遭受工伤伤害的劳动者或家属直接向雇主要求赔偿，雇主依照法律规定向他们支付保险待遇的一种形式。这种形式的工伤保险一般为国家对赔付情形、赔付标准做出规定，具体由法院或相关部门予以执行。

雇主责任保险型的工伤保险又分为两种形式，分别是雇主自保和向商业保险公司投保。第一种情形是指受伤害的雇员直接向雇主要求索赔，第二种情况是雇主为雇员的职业风险购买商业保险。第一种情形中，雇主可以以自身为一个个体，在雇员受到伤害时对其进行赔偿，也可以以雇主联合会的形式存在，众多雇主联合在一起共同防范风险；第二种情况，即雇主把雇员所面临的工伤风险向商业保险公司投保，由商业保险公司对雇员的工伤风险负责。这可以显著降低企业的风险，但是可能给企业带来较大的经济负担。

雇主责任保险型的工伤保险存在一些弊端，值得注意：企业的负担较重。当工伤事故发生时，雇主需要在第一时间对受害者及其家属给予补偿，这往往对企业的生产经营有一定的影响。当企业遭遇到重大的事故需要巨额的赔偿时，对企业的打击是致命的。这种情况在中小企业尤为常见，因为其生产资本少、生产规模小，其承受工伤保险的能力很弱。二是工伤事故处理赔付不到位。由于调查工伤保险的周期较长，对工伤认定的标准有不同的判断，导致雇主与受伤害者之间往往达不成统一，造成赔付困难。有时雇主也会出现偷逃赔付款的情况，这对受伤害者而言无疑是二次打击。三是保险金的支付往往采取一次性支付的方式。这种方式虽然能给受害者解燃眉之急，却不利于对受伤害者整体的治疗及后续并发症的治疗。

2. 职业伤害保险型工伤保险

这是在雇主责任型的工伤保险之后发展出来的一种形式。由于法律意识及社会意识的不断增强，现代化大生产的不断推进，加之雇主责任制的工伤保险面临的种种问题，职业伤害保险型工伤保险制度适应时代发展应运而生。

职业伤害保险型的工伤保险又称工伤社会保险制度，它是指由国家立法，政府有关部门或监督机构负责工伤保险事务。这种制度有着一系列的规章制度处理工伤保险的相关事务，从工伤保险的认定、赔付标准到伤害补偿金的支付等都有明确的规定，以此明确政府、雇主、雇员之间的责任及其之间的关系。这种形式的工伤保险一般是由参加保险的雇主向社会保险机构缴纳一定的职业伤害保险基金，政府或相关机构支付相关的补助金，双方共同负担工伤的风险。这在一定程度上防止某一方主体完全承担工伤所带来的风险，也可以使得赔付有序可循，能够使受伤害者在最短的时间内得到相应的补偿。

### （三）工伤保险的原则

各国的工伤保险制度虽然各有特点，但是在某些设计理念和原则方面还是有共通的地方。就目前已经实行工伤保险制度的国家而言，这些原则大致可以总结为以下五个方面：

1. 无责任赔偿原则，亦称"无过失补偿原则"

无责任赔偿原则，是指劳动者在生产工作过程中遭遇工伤事故后，无论其是否对意外事故负有责任，均应依法按照规定的标准享受工伤保险待遇，但是企业还保留追究相关事故责任的权利。这样做的目的就在于既可以防止类似事故的重复发生，又可以保障受伤害者的基本权利，保障其基本生活。

2. 资金筹集实行个人不缴费，按风险大小确定缴费比例的原则

在已经建立工伤保险制度的国家中均实行的是个人不缴费原则。所谓个人不缴费是指工伤保险费无须个人缴纳，由企业和雇主缴纳，有些国家采取政府补贴的方式。这是和其他社会保险项目有区别的地方。之所以实行这样的规定，是由于劳动者在生产过程中创造了社会财富，但也因此冒了大量风险，这种风险不应由劳动者个人承担。所谓按风险大小确定缴费比例的原则主要是指各行各业的风险有所不同，不能把风险大和风险小的行业实行统一的缴费比例，这样无法体现公平。例如，建筑工人和文员的风险不同，他们所在企业所承担的缴费比例也不同，一般建筑工人所在企业所承担的缴费比例较高，文员所在企业所承担的缴费比例较低。

3. 工伤补偿与工伤预防、工伤康复相结合的原则

在劳动生产过程中劳动力受到了损失后理应对这种损失给予赔偿，但仅仅有赔偿是不够的，工伤预防和工伤康复也应引起重视。工伤预防是最基本的，各国政府都致力于采取各种措施减少或者消灭工伤事故。当工伤事故不幸发生时，应立即给予受伤害者一定的经济补偿，让其得到救治，帮助其渡过难关。除了及时的治疗之外，工伤康复也是必不可少的，要及时帮助受伤害者进行康复和恢复治疗，恢复其劳动能力，尽量使其能够恢复到原来的水平或者能够自食其力的水平，避免造成人力资源的浪费。

4. 一次性补偿与长期补偿相结合的原则

在劳动生产过程中，有些劳动者部分或完全永久丧失劳动能力或者死亡的，工伤保险机构一次性支付受伤害者或劳动者遗属补偿金。除此之外，工伤保险还须对受伤害的劳动者或家属支付长期的抚恤金，直至其失去供养条件为止。这种一次性补偿与长期补偿相结合的办法充分考虑到劳动者的切身利益和担忧，为在职劳动者安心工作扫清了障碍。

5. 区别"因工"和"非因工"的原则

在工伤保险中，"因工"是指与工作环境、工作条件及工作流程相关的情形造成的伤害。"非因工"是指与劳动者本人职业因素无关造成的伤害。职工有下列情形之一的，视同工伤：①在工作时间和工作岗位，突发疾病死亡或者在48小时之内经抢救无效死亡的；②在抢险救灾等维护国家利益、公共利益活动中受到伤害的；③职工原在军队服役，因战、因公负伤致残，已取得革命伤残军人证，到用人单位后旧伤复发的。

## 四、养老保险

### (一) 养老保险概述

1. 养老保险的含义

养老保险是指劳动者在达到国家规定的退休年龄,或因年老完全丧失劳动能力退出劳动领域后,由国家和社会依法给予一定的物质帮助以维持其老年基本生活的一种社会保险制度。这一概念主要包含以下三层含义:①养老保险是在法定范围内的人口退出社会劳动生活后才发生作用的。通常法定的退休年龄界限是衡量退出社会劳动生活的标准。②养老保险的目的是保障老年人的基本生活需求,为其提供稳定、可靠的生活来源。③养老保险是以社会保险为手段来达到保障目的的。养老保险是世界各国普遍实行的一种社会保障制度。

2. 养老保险的特征

养老保险是社会保险体系的重要组成部分,除了具备社会保险强制性、互济性和普遍性等共同特征外,还具有以下主要特征:①参加保险与享受待遇的一致性。其他社会保险项目的参加者不一定都能享受相应的待遇,而养老保险待遇的享受人群是最确定、最普遍的。因为几乎人人都会进入老年,都需要养老。参加养老保险的特定人群一旦进入老年,都可以按规定享受养老保险待遇。②保障水平的适度性。养老保险的基本功能是保障劳动者在年老时的基本生活,这就决定了其保障水平要适度,既不能过低,也不能过高。一般来说,养老保险的整体水平要高于贫困救济线和失业保险金的水平,低于社会平均工资和个人在职时的收入水平。③享受期限的长期性。参加养老保险的人员一旦达到享受待遇的条件或取得享受待遇的资格就可以长期享受待遇直至死亡。其待遇水平基本稳定,通常会根据经济发展状况而动态调整以保障待遇水平不会下降。④保障方式多层次。广义的养老保险,不仅包括国家法定的基本养老保险,还包括用人单位建立的补充养老保险(企业年金)、个人自愿参加的储蓄型养老保险等。建立和完善多层次的养老保险体系已成为一种国际趋势。⑤与家庭养老相联系。养老保险的产生和发展逐步取代了传统家庭养老的部分甚至大部分功能。养老保险保障程度较低时,家庭养老的作用更大一些;养老保险保障程度较高时,家庭养老的作用就相应减弱。但养老保险并不能完全替代家庭养老。几乎所有国家的宪法或法律都规定了公民有赡养老人义务的原则。因此,养老保险与家庭养老是相互联系、相得益彰的统一体。

## （二）养老保险制度的建制原则

养老保险是社会保障制度中最重要的组成部分。在制定这一制度时必须遵循以下基本原则：

1. **享受养老保险待遇的同时免除劳动义务的原则**

养老保险的对象是因为年老丧失劳动能力而退出社会劳动领域的人。对于这类被保险人，国家一方面通过法律规定免除他们的劳动义务，另一方面通过法律保证他们获得物质生活帮助的权利。根据这一原则，凡符合老年养老保险资格条件的被保险人，在其达到法定退休年龄后，不论其实际劳动能力如何，都可免除社会劳动的义务而享受退休待遇。

2. **切实保障基本生活需要的原则**

养老保险必须保证被保险人获得基本生活保障，养老金的给付水平要适度，通常要考虑以下两个因素：通货膨胀率和收入增长率。因此，要切实保障老年人的基本经济生活，养老金通常要根据通货膨胀率进行调整，或者根据收入增长率进行调整，或者根据通货膨胀率和收入增长率的加权进行调整。只有这样，养老金的实际购买力才不会下降，才不会影响退休人员的实际生活水平。

3. **分享社会经济发展成果原则**

养老金的给付还应随着社会经济的发展而不断提高。这是因为社会生产的成果是一代代积累起来的，没有上一代劳动者的积累就没有现代社会的发展成果。退休人员在他们年轻时贡献了自己的力量，为社会创造了价值。因而，现在社会的发展成果包含了退休人员过去的劳动贡献，他们理所当然地应该享有其中一部分社会发展成果。

4. **权利与义务相对应的原则**

养老金的给付还应与劳动者缴纳养老保险费的状况相联系，即养老金的给付与缴费数额、缴费时间长短相联系。这一原则一方面能够增强劳动者的自我保障意识，另一方面又体现了公平与效率的统一性。

# 第七章 人力资源管理信息化的人才与系统建设

## 第一节 人力资源管理的信息开发与人才队伍建设

### 一、人力资源管理的信息开发

人力资源信息开发是根据大量客观存在的信息事实和数据，以各种载体和各种类型的信息为基础，运用判断与推理、分析与综合等多种方法，提供不同层次的信息服务。人力资源信息开发的目的，是对人力资源潜在能量的挖掘，促使人们更加充分有效地运用人力资源信息，发现人才、任用人才，实施人才发展战略。

#### （一）人力资源信息开发的作用

1. 最大限度地发挥经济价值和社会价值

信息技术的快速发展，为深度开发和广泛利用人力资源信息创造了前所未有的条件。树立和落实科学发展观，根据社会需要，全面、及时、准确地提供人力资源的相关信息，充分开发利用反映劳动、工作、保险福利及人力资源管理方面的信息，强化人力资源管理，能够加快人力资源管理制度的建立，使信息流更加有效地引导人员流、物资流和资金流，实现对物质资源和能源资源的节约和增值作用，带来直接和间接的社会效益和经济效益。

同时，随着政府、社会公共服务、企业上网工程的深入发展，办公自动化的普及和电子商务的发展，人力资源数字化信息数量不断增加，人力资源信息也越来越丰富，不断满足社会各项事业对人力资源信息的需要。人力资源管理部门要通过各种有效的方式，最大限度地发挥人力资源信息的价值效用，更好地为社会发展和进步服务。

2. 发挥人力资源信息的价值

在信息社会中，信息价值往往体现在运动中。只有处于运动中的信息，才能被人们随时捕捉到，进而发挥作用。处于静态中的信息，即使蕴含巨大的价值，如果不能得到及时充分的开发利用,其潜在价值不能转化为现实价值,也就无法有效发挥作用。

人力资源部门保存并积累了大量人力资源信息,人力资源信息的存储和传递就是为了有效地提供利用,即把静态中的信息变成动态信息,进而无止境地开发利用,直接体现信息的使用价值。人力资源信息是人力资源活动的原始、真实的记录,及时、有序、系统地开发利用人力资源信息,就是揭示人力资源信息的使用价值,发挥人力资源信息富有生命力的独特作用。

3. 加大人力资源的管理服务

在一切管理系统中,人是最主要的因素,是最活跃、最能动、最积极的要素。组织活力的源泉在于劳动者的创造力、积极性和智慧。要充分挖掘、准确识别和长足发展人的潜力和能量,必须开发利用人力资源信息。

加强人力资源信息的开发利用,是人力资源管理的基础和可靠保证,也是人力资源管理的根本目的。人力资源管理的各项活动都必须充分利用信息。参与决策、建立企业优秀文化、决定组织的结构需要信息;设立人事选拔标准、制订招聘计划、建立新的招聘市场、确定职业发展途径、制订员工开发计划要建立在充分信息的基础上;实施招聘计划、设立并运作控制系统、管理报酬项目、建立年度绩效评估系统、贯彻员工培训计划、安排员工上岗或转岗需要信息。有关人力资源招聘、培训、晋升等具体计划的信息的提供利用,可以便于员工据此制订自己的发展计划,有助于提高员工留任率。员工的教育、经历、技能、培训、绩效等信息的利用,可以帮助了解并确定符合某空缺职位要求的人员,对内部人员晋升非常重要。为了有效地进行工作设计,必须通过工作分析,全面了解和把握工作现状。只有获得工作单位及工作本身所须完成的任务方面的详细信息,管理者才能选择适宜的方式来进行工作设计。

必须指出,现代人力资源管理是一个开放的系统,人力资源管理的发展过程是一个适应外部环境变化的过程。人力资源管理者必须时刻接受外界环境输入的信息,利用这些反映人力资源发展趋向与需求的信息,适时地改变人力资源管理的目标、战略、方式、措施、技术,才能使人力资源管理发生适当的变革,适应环境变化,服务于社会。

4. 为决策者提供有效信息依据

决策对管理的影响作用大,而且影响持续的时间长,调整起来比较困难。进行正确的决策,需要完整、准确、真实的人力资源信息。人力资源的供需状况、人力资源的素质、人力资源的工作绩效与改进、人力资源培训与开发的效果等信息,可以为决策的确定提供内在保证;劳动力供给的状况、竞争对手所采用的激励或薪酬计划的情况,以及关于劳动法等法律方面的信息，能够为决策制定提供外在依据。充分开发利用人力资源信息，才能保证客观、科学地进行决策。

5. 积极促进人的潜能开发

人是生产力中最基本、最活跃、最关键的因素，提高人的素质，充分调动人的积极性、创造性，合理利用人力资源信息，是提高生产力水平的主要途径。人力资源信息对于开发人的智能，调动人的积极性和创造性，推动经济社会发展具有重要作用，是科学合理开发人才资源的必要条件。人才的筛选、识别和管理、制定人才机制、进行人才战略储备，都需要掌握大量的信息。充分挖掘人的潜力，提高人的素质，发挥人的聪明才智，关键在于对人力资源信息的开发和管理。人力资源管理部门以信息为依据，根据经济、社会发展的需要，从战略目标出发，有计划、有步骤地实施人才培养计划，进行吸收、选拔、任用等一系列管理活动，使人才的培养与岗位的要求、个人的发展与组织的目标相适应。

6. 为制订人力资源规划提供数据

现代竞争的根源是人力资源的竞争。一流的人才才能造就一流的企业。人力资源规划是单位的长期人力资源计划。要做到规划的科学性，必须根据经济社会发展的需要，制订一定时期的人才需求规划。依据人力资源信息，才能根据社会环境状况、单位的规划、组织结构、工作分析和现有的人力资源使用状况，处理好人力资源的供求平衡问题；才能科学地预测、分析环境变化中人力资源供给和需求的状况，制定必要的政策和措施，合理分配组织的人力资源和有效降低人力资源成本，确保组织的长远利益。

## （二）人力资源信息开发的类型

人力资源信息开发的主体是人员；人力资源信息开发的客体是有一定实体整理基础的信息；主体要对客体进行作用，即人力资源部门要对信息进行重新整合加工，将信息中的内容与其原载体相脱离进行重新组织，使客体形成系统化、有序化的状态。在人力资源信息开发利用的过程中，可以按照主体对客体的作用程度进行信息分类。

1. 按照加工程度分类

按照对信息加工的程度，信息开发分为浅加工和深加工。浅加工是指对人力资源信息进行压缩提炼，形成信息线索并存储在一定载体上的过程，即信息检索工作。深加工是根据一定的需求，对庞杂的人力资源信息进行系统化、有序化的过程，以解决利用者需求的特定性与人力资源信息量大、有杂质的矛盾，即信息编研工作。

2. 按照加工层次分类

按照对信息资源加工的层次，信息开发分为一次信息开发、二次信息开发和三次信息开发。

（1）一次信息开发

一次信息开发在人力资源管理活动中直接形成的原始信息，具有直接参考和凭证的使用价值。对一次信息进行开发有利于把无序的原始信息转变成有序的信息，节省收集原始信息的精力和时间，提高利用率。其主要形式有剪报、编译。

（2）二次信息开发

二次信息开发是对一次信息进行加工整理后而形成的信息，专门提供信息线索，供人们查阅信息来源。它是对信息加工而得到的浓缩的信息，容纳的信息量大，可以使人们在较短的时间对一定范围内的信息有概括的了解。其主要的开发形式有目录、索引。

（3）三次信息开发

根据特定的需要，在一次、二次信息的基础上，经过分析研究和综合概括而形成更深层次的信息产品。从零星无序、纷繁复杂的信息中梳理出某种与特定需求相关的内容，解释某种规律性的认识，并最终形成书面报告，从而为管理决策服务。三次信息是高度浓缩的信息，提供的是评述性的、动态性的、预测性的信息。其主要形式有简讯、综述、述评、调查报告。

## （三）人力资源信息开发的不同形式

1. 编写材料

（1）编写工作说明书

工作说明书的编写，是在职务信息的收集、比较、分类的基础上进行的，要根据工作分析收集的信息编制工作说明书，可以帮助任职人员了解工作，明确责任范围，为管理者的决策提供参考。工作说明书是对有关工作职责、工作活动、工作环境、工作条件，以及工作对人员素质要求等方面信息所进行的书面描述，一般由工作描述和工作要求两部分组成。工作描述是对工作职责、工作内容、工作条件，以及工作环境等工作自身特性所进行的书面描述。工作要求则描述了工作对人的知识、能力、品格、教育背景和工作经历等方面的内容。

（2）编写人员供给预测材料

人员供给预测包括内部供给预测和外部供给预测。要充分利用信息，对信息进行综合分析，进行人员供给预测。

要收集有关人员个性、能力、背景等方面的信息，分析研究管理人才储备信息，如工作经历、教育背景、优势和劣势、个人发展需求、目前工作业绩、将来的提升潜力、专业领域、工作特长、职业目标和追求、预计退休时间。在对信息进行综合分析的基础上，编制出"职业计划储备组织评价图"，编写人员供给预测信息材料。

编写人员供给预测材料，必须收集和储存有关人员发展潜力、可晋升性、职业目标，以及采用的培训项目等方面的信息；要获得目前人力资源供给的数据，包括个人情况；工作历史；培训经历及职业计划；目前的工作技能；累计数据，如员工总数及他们的年龄分布、教育程度等，明确目前的人力资源供给情况，有效分析人力资源的供给及流动情况。

2. 编制统计表

统计表是用表格来显示各种变量的取值及其特征，是表现人力资源信息最常用的形式，是为统计工作提供统计数字资料的一种工具。它可以概括文字的叙述，科学合理地组织人力资源信息，使人力资源信息的排列条理化、系统化、标准化，一目了然，给人以明显、深刻的感觉，便于阅读和进行统计分析。

（1）统计表的结构

由总标题、横栏标题、纵栏标题和指标数值四部分构成。

总标题是统计表的名称，概括说明统计表所反映信息的内容，一般位于表的上端中央；横栏标题是横行的名称，表明信息反映的总体及其分组的名称，一般位于表的左侧；纵栏标题是纵栏的名称，说明信息指标的名称，一般位于表的上方；指标数值列在横栏标题与纵栏标题的交叉处，具体反映其数字状况。有些统计表还增列补充资料、注解、资料来源、填表时间、填表单位等内容。

（2）统计表的分类

①按用途分类

分为调查表、汇总表和分析表。

调查表是用于登记、收集原始统计资料的表格，只记录调查对象的特征，不能综合反映统计总体的数量特征。

汇总表是用于表现统计汇总和整理结果的表格。由两部分组成，一部分是统计分组，另一部分是用来说明统计分组各组综合特征的统计指标。汇总表能够综合说明统计总体的数量特征，是提供统计资料的基本形式。

分析表是用于对整理所得的信息统计资料进行定量分析的表格，能够更深入地揭示信息所反映内容的本质和规律性。

②按分组情况分类

统计表按照内容的组成情况，分为简单表、分组表和复合表。简单表指总体未做任何分组的统计表。分组表是指总体按一个标志进行分组后形成的统计表。利用分组表，可以分析不同类型的不同特征，研究总体的内部构成和分析现象之间的依存关系等。复合表是指统计总体按两个或两个以上标志进行层叠分组后形成的统计表。利用复合分组表可以反映研究总体同时受几种因素影响而产生的变化情况。

（3）统计表设计的一般原则与要求

统计表的设计应遵循科学、实用、简明、美观的原则，力求做到以下五个方面：第一，标题要简明扼要地概括信息的内容及信息所属的空间和时间范围。第二，纵、横栏的排列内容要对应，尽量反映逻辑关系。第三，根据统计表的内容，全面考虑表的布局，使表的大小适度、比例适当、醒目美观。第四，统计表中的指标数值，都有计量单位，必须标写清楚。计量单位都相同时，将其写在表的右上角；横行的计量单位相同时，在横行标题后列计量单位；纵栏的计量单位相同时，将其标在纵栏标题下方或右方。第五，统计表中的线条要清晰，尽量表明各指标的简单包含关系。

3. 编制统计图

统计图是用点、线、面、体等构成的几何图形或其他图形表现信息，表示变量的分布情况，是信息分析研究的重要方法。利用统计图来表现信息，形象具体、简明生动、通俗易懂，能将信息所反映的复杂的内容，用简明扼要的形式表现出来。

（1）统计图的种类

常用的统计图形有圆瓣图、直方图、条形图、折线图、机构图等。

①圆瓣图。用一个圆代表研究对象的总体，每一个圆瓣代表研究对象中的一种情况，其大小代表它在总体中所占的比例。圆瓣图只表示变量的某个取值在总体中的比重，对变量取值的排列顺序没有要求。

②直方图。直方图是紧挨着的长条组成的，条形的宽度是有意义的。它用每一个长条的面积表示所对应的变量值的频率或频次的大小。

③条形图。条形图是以宽度相等的条形长度来表示指标数值大小的图形。条形的排列既可以纵排，也可以横排。纵排的条形图叫柱形图，横排的叫带形图。

④折线图。折线图是用直线连接直方图条形顶端的中点而形成的。当各条形的组距减小，条形增多时，折线将逐渐变得平滑，趋向为曲线。

⑤机构图。机构图是用图形来表示组织结构和管理体制的一种方法。典型的企业组织结构模式主要有直线制、职能制、直线职能制和事业部制。

机构图与组织结构有着密切的关系，要根据企业组织结构模式设计机构图。

（2）编制统计图应遵循一定程序与基本要求

①确定编制目的。编制人力资源信息统计图，要根据实际需要，确定编制目的，以便

进行信息的筛选、分析和综合，明确信息的表达方式和统计图形式。

②选择图示信息。信息的选择，应在反映所研究内容的一切指标中，选择符合制图目的、有价值、反映内容本质的重要信息，避免图示信息过多，内容繁杂，表达模糊。

③设计统计图。图形的设计要力求科学、完整、真实、清晰地体现信息的各种特征。图形的外观要尽量美观、鲜明、生动，具有一定的观赏性。标题要简单明确，数字及文字说明应准确无误。不同类型统计图的特点和运用的条件不同，应根据制图目的、信息内容和特点，确定编制的统计图形式，科学、准确地表达信息，使图形的布局、形态、线条、字体、色彩体现艺术性。统计图的形式应与利用需求相适应。用于领导、业务工作参考和分析研究时，可采用条形图、折线图和其他几何图形，呈现内容可详尽些；用于展览、宣传教育，应尽量采用条形图、直方图或其他鲜明生动的图形，图形的标题、文字说明、数字和单位的标示要简明扼要、色彩鲜明、通俗易懂。

④审核检查。统计图编制完成以后，要进行认真的审核检查和修改，确保编制的图形客观地揭示信息，符合制图目的，图形结构简明准确、生动鲜明、图式线形、数字标示、文字说明等适用，注解具体，图面清晰整洁。

4. 编写统计分析材料

统计分析是对获得的人力资源信息进行量化分析，客观、准确、科学地揭示人力资源管理工作中的特点和规律，深入地反映人才资源状况，以此调整工作方式，提高人力资源管理水平。编写统计分析材料，能够精确描述和认识信息的本质特征，揭示信息的内在联系，使人们对信息的利用从感性认识上升到理性认识，为管理提供深加工、高层次、有价值的信息。

统计分析材料是充分表现统计过程、方法和结果的书面报告，从而建立宏观人才资源信息库，为建立和完善人才市场体系、促进人才合理流动、实现人才工作协调发展、为人才规划的落实提供信息服务。编写统计分析材料有提炼主题、选择材料、拟定提纲、形成报告四个主要环节，编写要求是：针对性，明确编写目的、解决的问题和服务对象；真实性，尊重客观实际，以充分可靠的信息为基础，真实地反映客观实际，事实具体，数据准确；新颖性，在对原始信息深入挖掘、把握本质的基础上，提取新的信息，形成新的观点、结论；时效性，着眼于现实问题，讲求时间效果，在信息的最佳有效期提供利用。

### （四）人力资源信息开发的方法

人力资源信息开发是在掌握大量信息的基础上，根据决策、管理、业务活动的需要，利用科学的研究方法，对现有信息进行系统的归纳分析，对各项活动的发展趋势做出判断和预测，提供全面性、高层次的信息，为工作活动服务。

1. 汇集法

围绕某一特定的主题，把一定范围内的人力资源原始信息，按照一定的标准有机地汇集在一起。汇集法适合于反映一个地区或一个部门某方面的状况，当人力资源信息资料较多、反映面宽的时候比较适用。

2. 归纳法

将反映某一主题的人力资源原始信息集中在一起，加以系统综合归纳和分析，以便完整、清晰地说明某一方面的工作动态。归纳法要求分类合理、线条清楚、综合准确。

3. 纵深法

根据需要，把若干个具有内在联系，有一定共同点的人力资源信息，或几个不同时期的有关人力资源信息，从纵的方面进行比较分析，形成新的信息材料。可以按原始信息材料提供的某一主题层层深入，按某一活动的时间顺序或按某一事件的历史进程深入进去，要清楚问题的来源。

4. 连横法

按照某一主题的需要，把若干个不同来源的人力资源原始信息材料从横的方面连接起来，做出比较分析，形成新的信息材料。采用连横法要选择最能说明主题的信息，从不同来源信息中选择具有一定同质性的信息。

5. 浓缩法

通过压缩人力资源信息材料的文字篇幅，凝练主题，简洁文字。使用浓缩法要主题集中，内容突出，一篇信息材料只表达一个中心思想，阐明一个观点；压缩结构，减少段落层次；凝练语言，简明地表达含义。

6. 转换法

人力资源原始信息中若有数据出现，应把不易理解的数字转换为容易理解的数字。

7. 图表法

如果人力资源原始信息中的数据有一定的规律性，可以将数据制成图表，使人一目了然，便于传递与利用。

8. 分析法

分析法是在充分信息的基础上，通过综合分析，进行人力资源的现状规划和需求预测，包括现状分析、经验分析、预测分析。

进行短期人力资源预测规划，要依据有关信息进行现状分析，预算出规划期内有哪些人员或岗位上的人将晋升、降职、退休或调出本单位的情况，根据预测规划期内的人力资源的需要，做好调动人员替补准备工作，包括单位内管理人员的连续性替补。

进行中、短期人力资源预测规划，可采用经验分析法、分合性预测法。经验分析是根据以往的信息进行经验判断，根据以往员工数量变动状况，对人力资源进行预测规划，预测组织在将来某段时间内对人力资源的需求。分合性预测是在下属各个部门、机构根据各自的业务活动、工作量的变化情况，预测的将来对各种人员需求的基础上，进行综合平衡，预测整个组织将来某一时间内对各种人员的总需求。

进行长期的、有关技术人员或管理人员的供求预测，采用预测分析法。针对某些重大的变革和发展趋势而带来的人力资源供求的变化，向有关专家征求意见，并在此基础上形成预测结果。

## 二、人力资源管理信息化的人才队伍建设研究

### （一）人力资源管理信息化人才队伍的素质要求

实现人力资源管理信息化，需要一批适应形势发展、德才兼备、有创新思维和创造能力的人才推进信息化工作的发展。必须充分发挥人的主观能动性，建设一支思想作风过硬、业务素质高、知识结构合理的信息化管理人才队伍。素质是一个外延广泛而内涵丰富的概念，是人的品质、知识、能力的总和。信息化人才素质是信息化的前提和保障，主要包括信息素质、业务素质、知识素质。

1. 信息素质的要求

信息素质也称信息能力，是使用计算机和信息技术高效获取、正确评价和善于利用信息的能力。信息科技特别是网络科技的迅猛发展，使人类的沟通与信息交换方式变为以人际互动为主的模式，终生学习、能力导向学习和开放学习成为新的理念。为满足知识创新和终生学习的需要，提高信息素质将成为培养人才能力的重要内容。

（1）信息素质的意义体现

信息素质是信息化建设的要求，只有提高信息素质才能保证人力资源发展战略和信息化战略的实现。提高信息素质的意义主要体现在以下四个方面：

第一，人力资源发展需要信息素质。在信息瞬息万变的今天，市场的竞争就是人才的竞争，必须广、快、精、准地掌握与人力资源相关的政策、技术、市场、管理等全方位信息，进行科学决策，开发人才，才能从本质上全面提高组织的社会效益和经济效益。

第二，能够改善员工的知识结构。信息科学是一门新兴的交叉科学，涉及计算机科学、通信科学、心理学、逻辑学等诸多相关学科。随着科学技术的飞速发展，信息科学与其他学科知识一样，不断推陈出新。及时补充各学科的历史、现状和未来的信息知识，才能充分激发员工已有的业务潜能，改善员工单一的知识结构，重塑员工崭新的能力构架，使员工充分运用现代的信息工具，积极主动地跟上时代发展的步伐，成为信息化建设的贡献者和受益者。

第三，使信息价值得到更大限度的体现与发挥。信息是科学决策的基础，在人力资源管理中发挥着巨大作用。普及信息知识，提高信息处理能力，能使人们在人力资源管理信息化的过程中，充分挖掘信息环境中的各种有利因素，排除不利因素，了解过去、把握现在、预测未来，让信息化建设更加有的放矢。

第四，进一步提高组织的信息管理水平。人们既是信息的需求者，又是信息的提供者，互利互惠，互相依存，总体上的信息需求结构达到动态的基本平衡，在组织内部形成一个有效的信息增值网络。此外，普及信息知识还能激发人们潜在的信息需求，促使组织根据需求进一步完善人力资源管理系统的功能，对人力资源管理信息化提出更高的要求，最大限度地发挥人力资源信息的社会经济价值，促进人力资源管理信息化向高质量发展。

（2）信息素质的主要内容

信息化人才要做好本职工作，出色完成任务，必须具有较高的信息素质。信息素质的内容主要包括以下四个方面：

①强烈的信息意识。当今社会已经进入信息时代，信息无处不在，谁重视信息，谁就能赢得主动。人力资源管理者要有敏锐的信息意识，广泛收集人力资源信息，精心加工、准确提供、快速传递、充分利用，以适应人力资源管理信息化发展的客观要求。强烈的信息意识主要表现在三个方面：一是对信息的敏感性。指对人力资源信息价值的充分认识，对信息内容特有的敏感。对信息现象反应快的人，思维敏捷，机智聪颖，应变能力强，适应环境能力强，善于将信息现象与实际工作迅速联系起来，善于从信息中找到解决问题的关键。二是对信息的观察力。具有强烈信息意识的人，对信息的关注成为一种习惯性倾向而不受时间和空间的限制。无论在工作范围内，还是在日常生活中，都善于收集信息，并把这些信息与要解决的问题联系在一起。三是对信息价值的判断力。一个具有强烈信息意识的人，除了对信息具有敏感性之外，更重要的是对信息价值的发现及分析加工的能力。要分析信息的价值，充分利用有价值的信息。信息意识是在人力资源管理活动中产生和发展的，是在长期工作和学习中不断形成的。当对信息的开发利用变成一种自觉行动时，就会逐渐树立信息意识。

②信息管理能力。指信息技术能力、认识能力、信息沟通和人际关系的才能、领导艺术和信息管理技能,以及战略信息分析和规划决策的能力,即运用信息管理科学的基本原理和方法,提高在实际工作中认识问题、分析问题和解决问题的本领和技巧。

③管理信息服务能力。即围绕特定的管理业务进行的信息搜集服务、检索服务、研究与开发服务、数据资料提供和咨询服务的能力。信息服务工作的开展必须依据管理科学和心理行为科学的理论,根据服务对象的不同,进行用户研究和用户管理工作。

④信息处理能力。即获取和处理信息的能力,应该具备信息获取能力、信息加工能力、信息激活能力、信息活动策划能力、决策能力、指挥能力,这是人们认识问题、解决问题的本领。

2. 业务素质要求

(1) 娴熟的专业能力

系统掌握有关人力资源管理的理论知识,熟悉人力资源部门各个业务环节的基本技能,了解整个业务工作的流程及各项业务的有机联系,掌握人力资源工作的基本技能和基本方法,具备人力资源信息获取、加工、开发和交流的能力,精通本职工作。随着知识、新技术的不断更新,及时学习、补充新的人力资源管理业务知识和技能,适应新时期人力资源管理发展的需要。

(2) 驾驭现代科技设备的能力

随着现代科技日新月异的发展和办公自动化的普及,特别是电子计算机及现代通信技术在人力资源管理中的应用,人力资源管理的方法发生了深刻的变化,正在从传统的手工管理模式向现代化管理模式转变。只有学会新的思维方式,掌握现代科学知识,能够驾驭现代科技设备,熟悉计算机技术、信息开发技术、网络技术,并能运用科学的方法和技术,才能更好地进行人力资源管理,大力开发人力资源信息,加快人力资源管理信息化进程。

要具有掌握现代化办公设备的能力,能熟练使用电子计算机、打字机、传真机、复印机等设备,掌握计算机操作技术、复印技术、打字技术、录音录像技术、光盘刻录技术等现代化手段。现代科学技术的突飞猛进,促进了人力资源工作设备与技术的现代化发展。电子计算机系统、缩微复制系统、声像技术系统、电视监护系统、自动报警系统、自动灭火系统在人力资源工作及人力资源信息管理中将日益广泛地应用。这就要求掌握运用电子计算机储存和检索信息的技术,掌握缩微胶卷、胶片、影片、照片、录音带、录像带、磁带、磁盘、光盘等各种新型载体人力资源信息的保管条件、保管技术和利用手段,能够熟练地应用新技术进行人力资源信息的存储、自动标引、图形处理和自动利用,实现对人力资源信息的科学管理和开发利用。

要不断提高驾驭现代化科技设备的能力，提高设备的利用率，充分发挥其功能，变单机操作为联机操作，运用网络系统，实现人力资源信息共享，提高信息化水平。

（3）熟练的工作能力

熟悉社会信息化的发展动向和本单位人力资源管理现代化状况，把握社会对人力资源信息需求的变化特点，脚踏实地进行人力资源管理信息化建设，进行人力资源信息的开发和提供利用，提高人力资源工作的效率、质量和水平。有较强的处理问题、解决问题的能力，能根据利用者提供的关于时间、内容、作用等不同的信息线索，快速、准确地提供人力资源信息利用。能够利用互联网、多媒体技术拓展工作空间，提高工作效率，实现各部门的交互作用，使人力资源信息优质高效、无时空限制地进行资源共享，更好地为信息化发展服务。

（4）开拓创新能力

破除传统思想观念，建立现代化的创造性的思维方式，开创人力资源管理信息化工作新局面，发展人力资源管理事业。创造性的思维是多种思维方式的综合表现，主要体现为强烈的创新意识、奋发进取的创新精神、从容应对新情况和新问题的创新能力。观念的更新是提高人力资源管理质量与效率的基础。人力资源管理工作要在信息时代取得新的理论、实践、技术成果，实现信息化发展，就要求人们有创新思维。

3. 知识素质要求

在经济全球化、社会信息化的背景下，人们意识到信息化战略的重要性，纷纷开始寻求信息化人才。既通晓信息科技，又熟悉组织策略、业务流程且精通电脑网络的人才，将在信息化建设中发挥越来越重要的作用。

信息化人才要具备广博的知识，既有横向的丰富知识，又要有纵向的学科专深知识。现代科学技术的发展，各类边缘学科、综合学科和交叉学科的兴起，要求信息化人才要有科学的头脑，善于学习，具有广博深厚的知识基础，不断更新自己的知识结构。这样才能融会贯通，有所发现，有所创新，使自己能跟上时代发展的要求，适应人力资源管理工作不断变化的新需要。

一般来讲，信息化人才的知识结构包括以下六个方面：

第一，业务知识。精通人力资源管理的业务知识，是信息化人才必须具备的基本功。因此，必须学习人力资源管理理论，不断加强继续教育，更新知识，熟悉本专业的新理论、新知识、新技术，熟悉人力资源管理各项业务环节的专门知识，成为人力资源管理的通才。

第二，信息管理业务知识。信息管理业务知识指信息管理的基本原理和方法，以及与信息管理业务活动有关的计算机科学知识和信息技术知识。信息管理学是一门边缘学科，是计算机科学、管理科学、信息科学交叉形成的，涉及社会科学和自然科学的许多领域。要深入学习，综合运用相关知识。

第三，现代科学技术知识。科技的发展使人力资源管理日益科学化、规范化、智能化，应该学会熟练使用计算机进行人力资源管理，学习一些科学基础知识，如高等数学、物理学化学、电子学微电子技术、办公自动化、仪器设备维护及标准化知识等，特别是要掌握涉及电子人力资源工作方面的应用知识。

第四，现代信息技术知识。信息社会的发展不仅对人力资源管理提出了新的要求，而且使人力资源信息的来源、载体、管理方式、加工方式、传播方式发生了变化，只有具备信息技术方面的知识，才能有效地处理人力资源信息，加强人力资源管理。

第五，管理科学知识。人力资源管理信息化建设是一个系统工程，其实施必须建立在科学管理的基础上。因此，要掌握行政管理、经济管理知识，了解信息论、系统论、控制论知识，提高决策和管理水平。

第六，外语知识。随着网络化的进一步发展扩大，我国用户通过互联网与国际连接，大量的国外信息资源以外文的记录形式出现在网上。如果不掌握外语这个工具，就不能获得国际化人才信息和国外人力资源管理发展的信息。具备一定的外语水平，才能在信息海洋中迅速而有效地获取有价值的信息资源。特别是在信息和网络时代，全球的信息交流日益频繁和便利，学习外国先进经验与管理技术，与国际现代化人力资源工作接轨，参与国际学术交流，进行人力资源信息对外交流和服务，都需要熟练掌握一门或多门外语，达到能看、会听、日常对话及一般笔译的水平，以适应人力资源信息国际交流的需要。

人力资源管理信息化必须树立以人为核心的管理思想。如果信息化人才准备不足，势必会极大地影响人力资源管理的发展。因此，当前的首要任务就是要培养合格的信息化人才。

## （二）人力资源管理信息化人才队伍的培养对策

信息时代的核心是科技，关键是人才。要培养造就一批人才，形成一支推进人力资源管理信息化的基本队伍。

### 1. 注重人才队伍建设与加速人才培养

（1）注重人才队伍建设

信息时代迫切要求从领导到员工都要转变传统的管理理念，领导更要重视电子环境下的人力资源工作，在资金、人员和政策上加大支持力度，以新的方式、新的观念全方位发掘、培养、选拔人才，建立人才库和激励机制。要不拘一格选人才，着重解决人力资源管理信息化人才队伍建设中存在的突出问题，把工作重点放在高层次和紧缺人才上，注重人才队伍建设的整体推进和协调发展。

（2）利用各种途径加速人才培养

人力资源管理信息化建设急需大量的信息技术人才。要加强继续教育，通过委托代培、在职业务学习、专题讲座和学术报告，以及业务函授、自修班和专业研究班学习等形式培养人才。要充分利用学校教育，从人力资源管理、信息管理专业的博士、硕士、本科、专科毕业生中选拔人才，为信息化人才队伍输送新鲜血液，不断充实信息化人才队伍。要强化社会教育，通过多种途径和手段，采取有效措施和政策，形成多层次、多渠道、多形式的人才培养体系，培养适应信息化发展的多门类、多层次的信息化人才，使之具有计算机知识和网络知识，熟悉数字化、网络化的环境，成为既精通信息技术又精通业务的复合型人才，在信息化进程中充分发挥作用。还可以制定引进人才的相关政策，创造良好的人才环境，吸引海内外优秀的信息技术人才。

2. 加强信息技术技能训练的培养

在信息化条件下，人力资源管理工作的技术性必然要求人们具备操作计算机等现代办公设备的能力，熟练地运用开发的系统；在信息检索方面能熟练运用计算机技术，实现提供利用自动化、在线化；能运用通信技术，熟悉信息系统软件和网络工具；能运用多媒体技术，提供图、文、音、像一体化的多媒体信息服务。因此，要进行专业人员的知识培训和技能的训练，使之具备现代化的管理知识，了解电子环境下人力资源管理的全过程和发展趋势，掌握应有的信息技术，确保人力资源管理系统更科学、更合理、更高效地发挥作用。

3. 普及信息知识

一流的人才能造就一流的组织。实现人力资源管理信息化，需要人们具有信息观念和信息知识。通过多种方法和手段普及信息知识对提高人们的信息素质至关重要，必将对信息化产生良好的效果和积极的影响。

（1）普及信息知识的具体方法

一是专题讲座。举办专题讲座是提高信息素质的有效途径。主讲者可以是国内著名的信息学专家，也可以是对信息有独到见解和丰富经验的集团和公司领导，还可以是长期从事信息业务的工作人员。主讲内容以信息领域中某一方面知识的深入剖析为主，采取理论与实践相结合的方式，使人们既有感性认识又有理性认识。二是专题研讨。组织相关人员和领导就当前的信息化形势和单位人力资源信息系统现状进行研究和讨论，将有助于掌握更多的信息知识和技能，有利于对已有信息资源进行深层次开发和利用。三是发行手册。用通俗易懂的文字或以图文并茂的形式将信息系统的软硬件操作手册或使用指南编辑成册，既有较广的发行面，又能具有一定的累积性，方便自学和备查。四是参观考察。组织相关人员和领导到信息行业的先进单位参观学习，获取信息，对比找差距，使信息系统更为合理而有效。

(2) 普及信息知识的主要原则

第一，简明性原则。信息技术是信息化管理的工具和手段，因此，普及信息知识，必须以简明、概括为原则，深入浅出，循序渐进，起到事半功倍的效果。第二，实用性原则。普及信息知识要注重实用性。以使用率高、能直接在工作中运用且具有明显收效的信息内容为主，尽量介绍与目前已建成的可操作的信息软硬件紧密相连的有关信息知识，如因特网的检索与电子邮件的使用等，这样才能增加学习的兴趣，达到学以致用的目的。第三，新颖性原则。进行普及信息知识的活动中，无论是内容还是形式都要与国内外信息化发展趋势、内外部信息环境、信息技术的最新动态保持同步，具有强烈的时代感和鲜明的新颖性，提高学习的效率和水平。第四，层次性。普及信息知识要因人而异，根据人们的知识水平、专业结构、职务职位、业务能力因材施教，做到授其所需和补其所短。

4. 强化信息化人才培训

信息化人才的培训，关系到全面、及时地提高人们的素养和知识结构、掌握基本技能与新的技术手段，增强适应不断变化的工作环境、接受新思想、新事物的能力。可以按照信息化人才素质的要求，建立培训机制，有计划、有组织、有目的、多渠道、多形式地开展队伍培训。

(1) 信息化人才培训的主要方法

①理论培训。理论培训是提高信息化人才队伍理论水平的一种主要方法。可以采用短训班、专题讨论的形式，学习人力资源管理、信息管理的基本原理及一些新的研究成果，或就一些问题在理论上加以探讨。可以通过研讨会、辅导、参观考察、案例研究、深造培训，提高对理论问题的认识深度。总之，各级各类组织在具体的培训工作中，要根据单位的特点选择合适的方法，使培训工作真正取得预期的成效。

②岗位培训。岗位培训是根据岗位职责的需要，以受训对象的知识和实际工作能力与所在岗位现实和未来需要为依据，着重于岗位所需能力的培养和提高。岗位培训为人们不断补充和更新知识与技能，使其知识、技能与人力资源工作的发展保持同步；可以规范业务行为，提高管理的效率，减少工作失误；可以开发人力资源，发现人才，培养人才。

岗位培训的形式主要有：一是鼓励人员参加专业或相关专业的函授教育、自学考试教育、电视教育、网络教育等高等学历教育，系统地学习科学文化知识；二是聘请专家、学者讲学，及时接受最新的思维观念、科学技术、管理理论和管理方法；三是在单位内开办培训班，对即将从事工作的人员进行岗前培训，学习组织的人力资源管理规章制度、操作方法；四是鼓励人员利用业余时间自学人力资源管理知识和相关科学文化知识。

（2）信息化人才培训的注意问题

首先，信息化队伍建设要与信息化目标相结合。要清楚地认识到，培训的目的是提高人们的素养和能力，以更好地适应现职务或新职务的要求，保证信息化目标的实现。

其次，充分调动积极性。针对参加培训人员的各自情况决定具体的培训内容，才能产生好的培训效果。应该精心策划培训内容，让每一个参加培训的人员都真切地感受到培训是一次难得的机会，能够学到有价值的内容，从而积极主动地参加学习。

最后，理论与实践相结合。在培训时，必须注重学以致用，把理论培训与实践锻炼有机结合。只有这样才能有效达到培训目的，培养出既有一定理论水平，又有一定的实践经验、素质和能力都较高的合格信息化人才，形成一支推进人力资源管理信息化的基本队伍。

5. 积极建设梯队的信息化人才队伍

人力资源管理信息化人才队伍建设，应重点突出，目标明确，形成梯队。

（1）信息化人才骨干队伍建设

重点抓好高层次骨干人才的培养，特别要注意发现和培养一批站在世界科技前沿、勇于创新和创业的带头人，具有宏观战略思维、能够组织重大科技攻关项目的科技管理专家及人力资源技术专家。探索新形势下加速信息化人才骨干队伍建设的新思路，把培养信息化人才骨干当成一项至关重要的任务来抓。

（2）青年信息化人才的培养

拓宽视野，不拘一格，注重发现具有潜质的青年人才，为他们提供施展才华的舞台。要重视培养年轻人的创新精神和实践能力，鼓励他们在信息化过程中和工作实践中努力拼搏。大力倡导团结协作、集体攻关的团队精神，努力培养青年人才群体。注意正确处理好现有人才与引进人才的关系，创造各类优秀青年人才平等竞争、脱颖而出、健康成长的机制，不断探索培养优秀青年信息化人才的途径。

（3）信息化管理人才的培养

信息化规划的实施与落实，需要引进、开发、投资建设一大批信息资源及网络基础设施。为保障信息化的快速、稳定、健康发展，需要一批具有较高专业素质的管理人才从事资源及设施的建设、运行、管理及维护工作。信息化管理人才的培养，要考虑队伍的稳定性，培养对象的选择，要注重是否具备较高的政治素质，是否热爱人力资源管理事业，同时在政策上要有良好的激励机制和制约措施。

（4）信息化技术应用型人才的培养

信息化建设的最终目标是要培养具有综合职业能力和全面素质、具有信息化意识，并掌握现代信息技术、计算机技术、通信技术、网络技术的适应现代化建设需要的应用型人才和高素质劳动者。这是检验信息化建设能否服务于人力资源事业体系的建立、服务于人力资源管理现代化、服务于经济和社会发展的标准。

应该充分创造条件，采用多种途径对信息化人才进行培训，尽快普及现代信息技术、计算机技术、通信技术、网络技术的教育，组织人力资源工作者参加社会认可的计算机应用资格证书考试，让更多人参与到信息化建设工作中来。

6. 重视加强信息化人才队伍建设的组织领导

人是社会信息活动的核心，人才问题是信息化的根本保证。从现在起就要有目的、有计划地培育和吸纳优秀人才，为信息化建设准备坚实的人才基础。为了培养综合素质的人才，逐步形成知识结构合理、层次配置齐全的信息化人才队伍，加快信息化建设的步伐，完成时代赋予人们的历史使命，必须加强信息化人才队伍建设的组织领导。

第一，重视人才队伍建设工作的领导。各级人力资源部门和领导干部要真正树立科技是第一生产力和人才是"第一资源"的意识，把信息化人才队伍建设工作提上重要议事日程，引导人们特别是青年人树立正确的世界观、人生观、价值观，求实创新、拼搏奉献、爱岗敬业、团结协作，努力成为信息化建设的有用人才。

第二，健全人才建设的工作机制。建立和完善信息化人才交流制度，加强各地区、部门之间的联系和沟通，协调有关重要政策的研究、执行和工作部署与落实。

第三，加强人力资源管理部门自身的建设。充实人力资源管理部门的力量，配备高素质人员，并保持相对稳定。提供必要的工作条件，保证工作经费，加强对人员的境内外培训，提高综合素质、服务意识和信息安全意识。重视对人才理论、人才成长规律和管理规律的研究，学习借鉴国外人力资源开发的经验。

第四，加强督促检查，狠抓落实。抓紧建立一支掌握先进科学技术和管理知识、政治素质好、创新能力强的信息化人才队伍，是事关事业当前和长远发展的根本大计。人力资源部门要结合实际，在抓落实上下功夫。定期对信息化人才队伍建设进行调查研究、督促检查。要进一步提高对人才问题的认识，把人才工作摆到更为重要、更为突出的位置上来，加快创造有利于留住人才和人尽其才的社会环境，切实加大工作力度，努力营造充分发挥人才作用的良好氛围，从而保证信息化目标的实现。

## 第二节 人力资源管理信息化系统的功能解析

人力资源管理信息系统是由相互联系的各个子系统组成的，子系统之间相互关系的总和构成了人力资源管理信息系统的整体结构。不同的管理层次和工作任务对应不同的系统，要求系统发挥不同的功能。

### 一、信息处理与服务功能

#### （一）信息处理功能

人力资源管理信息系统设置标准化计量工具、程序和方法，对各种形式的信息进行收集、加工整理、转换、存储和传递，对基础数据进行严格的管理，对原有信息进行检索和更新，从而确保信息流通顺畅，及时、准确、全面地提供各种信息服务。

1. 数据处理

数据处理涉及设备、方法、过程及人的因素的组合，完成对数据进行收集、存储、传输或变换等过程。将原始数据资料收集起来，输入计算机，进行文字处理，在机器屏幕上直观、方便地对文字进行录入、编辑、排版、增删和修改，方便地存档、复制、打印和传输，由计算机完成计算、整理加工、分类、排序和分析等信息处理工作，进行数据的识别、复制、比较、分类、压缩、变形及计算活动。数据处理能实现信息记录及业务报告的自动化，通过对大批量数据的处理可以获得对管理决策有用的信息。

2. 电子表格

人力资源管理信息系统拥有丰富的人力资源数据，具有灵活的报表生成功能和分析功能。能够用软件在计算机上完成制表、录入数据、运算、汇总、打印报表等各项工作，十分快捷地得到准确、美观的表格。系统直接利用来源于各基本操作模块的基本数据，既以信息库的人力资源数据作为参考的依据，又根据人力资源管理者提供的信息进行综合分析，提供从不同角度反映人力资源状况的信息报表和分析报表。如：生成按岗位的平均历史薪资表，员工配备情况的分析表，个人绩效与学历、技能、工作经验、接受培训等关系的统合性分析报表，供日常管理使用和决策参考。报表提供的不是简单的数据，而是依赖于常规的人力资源管理与分析方法，从基本的数据入手，形成深层次的综合数据，反映管理活动的本质，指导管理活动。

3. 电子文档管理

运用电子文件处理软件，实现文件的审定、传阅、批示、签发，以及接收、办理、反馈、催办、统计、查询、归档等环节的计算机处理。用计算机管理文件材料，完成文件的编目、检索，进行文件信息统计分析，实现利用者的身份确认、签名、验证，办理借阅手续，方便利用者查找，从而达到安全管理信息的目的。

4. 图形与图像处理

图形处理是利用计算机完成条形图、直方图、圆瓣图和折线图等各种图形的制作，对图形进行剪辑、放大、缩小、平移、翻转等处理，满足不同需求的使用。图像处理是利用计算机将图像转变为数字形式，再用数字形式输出并恢复为图像，主要包括图像数字化、图像增强与复原、图像数字编码、图像分割和图像识别等。

## （二）信息服务功能

人力资源管理信息系统的特点，是面向管理工作，收集、存储和分析信息，提供管理需要的各种有用信息，为管理活动服务。

1. 整合优化管理

由于现代管理工作的复杂性，人力资源管理信息系统以电子计算机为基础，按照所面向的管理工作的级别，对高层管理、中层管理和操作级管理三个层面展开服务。按其组织和存取数据的方式，可以分为使用文件和使用数据库的服务；按其处理作业方式，可以分为分批处理和实时处理的服务；按其各部分之间的联系方式，可以分为集中式和分布式服务。一个完整的管理信息系统，能够针对多层次的结构，以最有效的方式向各个管理层提供服务，使各层次间联合、协同行动。一方面，进行纵向的上下信息传递，把不同环节的行为协调起来；另一方面，进行横向的信息传递，把各部门、各岗位的行为协调起来。

人力资源管理信息系统，通过各种系统分析和系统设计的方法与工具，根据客观系统中信息处理的全面实际状况，合理地改善信息处理的组织方式与技术手段，以达到提高信息处理的效率、提高管理水平的目的。人力资源管理信息系统是为各项管理活动服务的一个信息中心，具有结构化的信息组织和信息流动，可以按职能统一集中电子数据处理作业，利用数据库构成较强的询问和报告生成能力，有效地改善各种组织管理，提高电子计算机在管理活动中的应用水平。只有这样，管理活动才能成为一个有机的整体，呈现整体化和最优化的局面。

## 2. 组织结构管理

系统根据相关信息，形成组织结构图，提供组织结构设计的模式。通过职能分析，确定职务、职能、职责、任职要求、岗位编制、基本权限等，形成职务职能体系表，并根据不同职位的职责标准，进行职责诊断。系统根据需要对组织结构及职位关系进行改动、变更，对职位职责、职位说明、资格要求、培训要求、能力要求及证书要求进行管理，配置部门岗位和人员，生成机构编制表，进行岗位评价，实现内部冗余人员和空缺岗位的匹配查询。

## 3. 人事管理

系统具有对人员档案中的信息进行记录、计算查询和统计的功能，方便人事管理。系统对每个员工的基本信息、职位变更情况、职称状况、完成的培训项目进行维护和管理。记录人事变动情况，管理职员的考勤，形成大量的声音、图像、VCD 文件及其他各种形式的信息，并保存在信息库中。系统拥有人员履职前资料、履职登记及培训、薪资、奖惩、职务变动、考评、工作记录、健康档案等丰富的信息，可以按照部门人数、学历、专业、院校、籍贯、户口、年龄、性别等进行分类统计，形成详尽的人力资源状况表。系统通过众多的检索途径，直接提供满足各种需求的信息利用，在员工试用期满、合同期满时，自动通知人力资源部门处理相关业务。

## 4. 招聘管理

系统能够为招聘提供支持，优化招聘过程，进行招聘过程的管理，减少业务工作量；对招聘的成本进行科学管理，降低招聘成本；为选择聘用人员的岗位提供辅助信息，有效地帮助进行人力资源的挖掘。

## 5. 薪资管理

系统可以根据基本数据，在职务职能设计的基础上，进行岗位分析，确定薪酬体系，自动计算单位及各部门的薪酬总额、各种人事费用比例、各级别的薪酬状况，及时形成薪酬报表、薪酬通知单等单据，根据现状对薪酬体系进行自我调整，形成详尽的薪酬体系表和薪级对照表，便于对薪资变动的处理。

## 6. 绩效考核管理

系统的绩效考核功能，包括考核项目定义、考核方案设置、考核等级定义、考核员工分组定义、考核记录、考核结果。系统根据职务职能设计将人员分成决策层、管理层、基本操作层、辅助运作层等职级，分别设计考评的标准，对月份、季度、年度考核进行统计分析，并与薪酬、奖惩体系等进行数据连接，生成数据提供利用。

7. 培训管理

系统制订培训计划，对培训进行人、财、物的全面统筹规划。在资金投入、时间安排、课程设置等方面实施控制。系统对课程分类、培训计划等提供了基本的模式，根据职位中的培训要求及员工对应的职位，能自动生成培训安排。员工改变职位后，其培训需求自动更改，可直接增加培训计划，也可由培训需求生成培训计划。系统能够获取培训过程中的各种信息材料，有各种培训资料收集途径信息，有大量培训组织机构的信息，逐步形成了专业的培训信息库，使个人的培训档案能够直接与生涯规划紧密联系在一起。系统可以从教师、教材、时间安排、场地、培训方式、培训情景等方面进行综合评估，检查培训的效果。

## 二、信息事务处理、计划与控制功能

### （一）信息事务处理功能

人力资源管理信息系统能优化分配人力、物力、财力等在内的各种资源，记录和处理日常事务，将人们从单调、繁杂的事务性工作中解脱出来，高效地完成日常事务处理业务，既节省人力资源，又提高管理效率。

系统在审查和记录人力资源管理实践过程中，通过文字处理、电子邮件、可视会议等实用技术，以及计算和分析程序，进行档案管理、编制报告、经费预算等活动，集中实现文件材料管理、日程安排、通信等多种作用，辅助人力资源管理者进行事务处理，协调各方面的工作。人力资源管理信息系统的处理事务功能具有以下两个特性：

第一，沟通内部与外部环境之间的联系。在内、外部之间架起一座桥梁，确保信息交流渠道的畅通，及时、准确地获取有用信息，并向外界进行有效的信息输出。

第二，系统既是信息的使用者，又是信息的提供者。系统与外界环境联系密切，在运行过程中产生并提供信息利用，管理者通过它获取有关组织运转的现行数据和历史数据，从而很好地了解组织的内部运转状况及其与外部环境的关系，为管理决策提供依据。

### （二）信息计划与控制功能

人力资源管理信息系统的计划功能表现在，系统能体现未来的人力资源的数量、质量和结构方面的信息，针对工作活动中的各种要求，提供适宜的信息并对工作进行合理的计划和安排，保证管理工作的效果。人力资源计划按重要程度和时间划分，有长远规划、中期计划和作业计划等；按内容划分有人员储备计划、招聘计划、工资计划、员工晋升计划等。系统可以对有关信息进行整合，形成完整的人力资源计划，为人力资源管理提供利用。

控制是人力资源管理的基本职能之一，而信息是控制的前提和基础。及时、准确、完整的信息可以保证对人力资源管理全过程进行有效的控制，做到指挥得当，快速应变。人力资源管理信息系统能对人力资源管理的各个业务环节的运行情况进行监测、检查，比较计划与执行情况的差异，及时发现问题，并通过分析出现偏差的原因，采用适当的方法加以纠正，从而保证系统预期目标的实现。

### 三、信息预测功能

人力资源管理信息系统不仅能实测现有的人力资源管理状况，而且可以对人力资源管理活动进行科学分析和组织，利用过去的历史数据，通过运用适当的数学方法和合理的预测模型来预测未来的发展情况，对人力资源需求、劳动力市场、未来战略、职业生涯和晋升等做出科学预测。

系统通过对行业信息、人才市场信息等做出测评，针对不同的岗位，按照一定人力资源规划的方法进行综合计算，预测某一时期单位及各职能部门的需求人数，并对人员的学历、资历、专业、工作行业背景、毕业院校等基本素质进行规划，最终自动生成详细的易操作的人力资源规划表，确定新进、淘汰、调动、继续教育的基本目标。对人员、组织结构编制的多种方案，进行模拟比较和运行分析，并辅之以图形的直观评估，辅助管理者做出最终决策。

系统可以制定职务模型，包括职位要求、升迁途径和培训计划。根据担任该职位员工的资格和条件，系统提出针对员工的一系列培训建议，一旦机构或职位变动，系统会提出一系列的职位变动或升迁建议，对人员成本做出分析及预测。

### 四、信息决策与执行支持功能

#### （一）信息决策支持功能

当今社会，信息变得越来越重要。真实、准确的人力资源信息是进行决策的坚实基础。所以，人力资源管理信息系统的决策支持功能非常重要。把数据处理的功能和各种模型等决策工具结合起来，依靠专用模型产生的专用数据库，针对某方面具体的决策需要，专门为各级、各层、各部门决策提供人力资源信息支持，可以达到决策优化。

决策支持功能的学科基础是管理科学、运筹学、控制论和行为科学。通过计算机技术、人工智能技术、仿真技术和信息技术等手段，利用数据库、模型库及计算机网络，针对重要的决策问题，做好辅助决策支持。决策支持功能具备易变性、适应性、快速的响应和回答、允许用户自己启动和控制的特征。

决策支持的类型主要有：专用决策支持，针对专业性的决策问题，如招聘决策、人力资源成本决策，具有决策目标明确、所用模型与程序简单、可以直接在系统中获得决策结果的特点；集成的决策支持，能处理多方面的决策问题，模型、数据库和计算机网络处理的决策问题，具有更强的通用性；智能支持，由决策者把推测性结论与知识库相结合，用来解答某些智能性决策问题。

决策支持面对的是决策过程，它的核心部分是模型体系的建立，提供方便用户使用的接口。人力资源管理信息系统能充分利用已有的信息资源，包括现在和历史的数据信息等，运用各种管理模型，对信息进行加工处理，支持管理和决策工作，以便实现管理目标。它不但能在复杂的迅速变化的外部环境中提供相关的决策信息，从大量信息中挖掘出具有决策价值的数据、参数和模型，协助决策者制定和分析决策，提高决策质量和可靠性，降低决策成本，而且可以利用各种半结构化或非结构化的决策模型进行决策优化，提高社会效益和经济效益。

决策支持要求提供的数据范围广泛，但对信息的数量和精度方面要求比较低。它通过灵活运用各种数学和运筹学方法，构造各种模型来支持最终的决策。

决策支持主要帮助管理者解决问题，使管理者不受空间和时间的限制，共享系统提供的各种信息。当支持决策的数据变量发生改变时，分析出现变化可能带来的结果，帮助管理者调整决策。

## （二）信息执行支持功能

主要服务对象是战略管理层的高级管理人员。它直接面对的是变化无常的外部环境。执行支持只是为决策提供一种抽象的计算机通信环境，而不同于决策支持为决策者提供某种特有的解决问题的能力。执行支持系统能以极低的成本和极快的速度向决策者提供有用的信息，从而保证管理者能进行及时的决策，避免耽误决策时机。为了方便高级管理人员操作，系统往往具有很友好的界面。

## 第三节　人力资源管理信息系统的开发与建立

### 一、人力资源管理信息系统的开发

人力资源管理信息系统都是按照一定的管理思想，借鉴相应的管理理念开发出来的。人力资源管理信息系统的开发，要考虑系统的要素、系统的管理过程，分析系统开发的要求，在创造各种有利条件的基础上进行开发。

#### （一）人力资源管理信息系统的要素

人力资源管理信息系统作为实现管理现代化的重要手段，是由相互联系、相互作用的多个要素有机集合而成的执行特定功能的综合体。

1. 人

人力资源管理信息系统是一个人机系统，人员是系统的重要组成部分。包括数据准备人员与各层次管理机构的决策者，以及系统分析、系统设计、系统实施和操作、系统维护、系统管理人员。人力资源管理信息系统的实施，关键在于系统人员的管理，应该将参与系统管理的人员，按照系统岗位的需要进行分工和授权，使之相互配合，协调一致地参与管理过程。明确规定系统的各个岗位的任务、职权和职责，对系统人员承担的任务进行明确的授权；用客观、公正的评价指标和衡量优劣的方法，定期或不定期地对系统人员进行检查和评价；对系统人员进行培训，应对计算机专业人员与管理人员在内容上各有侧重。

2. 硬件系统

硬件主要指组成人力资源管理信息系统的有关设备装置，包括计算机及通信网络、工作站和有关的各种设施，主要是进行信息输入、输出、存储、加工处理和通信。计算机是整个系统的核心；通信网络可采用局域网、因特网或其他网络，以适于不同部门、不同区域的需要；工作站可以是简单的字符终端或图形终端，也可以是数据、文字、图像、语音相结合的多功能的工作站。

3. 软件系统

软件系统主要包括系统软件和应用软件两大类。系统软件主要用于系统的管理、维护、控制及程序的装入和编译等工作；应用软件包括指挥计算机进行信息处理的程序或文件等。

4. 数据库

数据库是指数据文件的集合。数据库对各种人力资源的数据进行记录和保存，将这些数据和信息转化成人力资源管理信息系统可以识别和利用的信息，把所有人力资源信息纳入系统，使不同来源的输入数据得以综合，方便提供必要的利用。数据库的内容包括描述组织和员工情况的数据，以及影响人力资源管理环境的因素，可以提供对于人力资源计划和管理活动具有广泛价值的多种类型的输出数据。应该把人力资源管理活动中形成的人力资源信息，按照数据库设计的要求转换成数据信息，及时更新、修改和补充新的数据，以便在满足基本业务需求的同时，适应不断增长的业务信息需求。

5. 操作规程

操作规程指的是运行管理信息系统的有关说明书，通常包括用户手册、计算机系统操作手册、数据输入设计手册等。遵循操作规程，整合优化人力资源管理，统一业务处理流程，就可以顺利完成管理信息系统的各项功能，如信息处理、数据维护及系统操作等，从资源规划和整合上优化人力资源管理信息系统。

## （二）人力资源管理信息系统的基本环节

一个完善的人力资源管理信息系统，包含信息输入、信息转换、信息输出、信息反馈控制四个基本环节，其核心任务是向各层次的管理提供所需的信息，实现信息价值，体现了人、机、信息资源三者之间的关系。

1. 输入

向人力资源管理信息系统提供原始信息或第一手数据，即为输入。人力资源管理信息系统主要包括两个方面的信息：第一，组织方面的信息，主要是政策、制度、程序、管理活动的真实记录；第二，个人方面的信息，主要是自然状况，性别、年龄、民族、籍贯、健康；知识状况，文化程度、专业、学历、学位、职称、取得的各种资格证书；能力状况，操作技能、管理技能、人际交往能力、组织协调能力、语言表达能力、其他特长；经历，个人承担过的工作、职务、时间，是在个人职业生涯中形成的历史信息；工作状况，所属部门、职位、等级、绩效表现；培训，受过哪些培训、时间、成绩；收入，工资、奖金、福利；心理状况，兴趣、偏好、积极性水平、心理承受能力；家庭状况，家庭成员、家庭职业取向；部门评价、使用意见、综合评价等。系统要完整、准确、及时地记录数据，加快信息更新速度，丰富信息资源。

2. 转换

转换是指对输入的信息进行加工，使其成为对组织更有价值、更方便利用的信息形式。信息的转换要经过信息的分类、信息的统计分析、信息的比较和信息的综合处理等环节，要求确保信息的客观性和提高信息的可用性。系统对获得的原始信息材料做分类加工处理，就可得到许多能满足需求的有用信息，员工文化素质的结构、年龄结构、业务水平、培训情况等，使信息利用更有效。如：输入员工每月的工作时数，就可得到其应发工资数、扣发工资数及实际工资数等项目。计算机和软件对信息进行转换，形成合成信息、深层次信息、计量模型和统计模型计算的数据，使信息转化为符合利用需要的信息，可以帮助管理者做出科学的决策。用计算机系统进行信息加工，比手工的处理速度更快、更准确。

3. 输出

输出对加工处理后的信息成果，用报表、报告、文件等形式提供给系统外部利用，如工资单、招聘分析报告。信息输出的形式因利用者对信息内容和质量的要求不同而有差异。一定要根据存储量、信息格式、使用方式、安全保密、使用权限等方面的要求来确定。人力资源管理信息系统的最终目的是为用户提供技术数据、管理信息和决策支持信息。信息只有经过输出，才能实现价值、发挥作用，变潜在价值为现实价值。系统输出高质量的信息，是管理活动的基础和依据，能够起到辅助管理的作用。

4. 反馈控制

系统将信息输出后，输出的信息对管理活动作用的结果又返送回系统，并对系统的信息再输出发生影响的过程。利用系统提供的反馈信息，可以据此改变系统参数和重新配置人员、重新确定工作标准、配置人力资源、修订人力资源发展计划。反馈控制能确保整个过程的实施，确保系统所预想达到的结果，以提高整个系统的有效性。

### （三）人力资源管理信息系统开发的一般要求

人力资源管理信息系统具有复杂的结构形式，既要反映业务活动的特点，又要反映组织结构的特征，而且时间、环境、个体因素都会对其产生影响。因此，进行人力资源管理信息系统的开发要遵循一定的要求。

1. 完整性与集成性

人力资源管理信息系统是基于完整而标准的业务流程设计的，能够全面涵盖人力资源管理的所有业务功能，是用户日常工作的信息化管理平台。对员工数据的输入工作只须进行一次，其他模块即可共享，减少大量的重复录入工作。人力资源管理信息系统，既可作为一个完整的系统使用，也可以将模块拆分单独使用，必要时，还能扩展集成为一个完整系统。

2. 易用性

界面友好简洁，直观地体现人力资源管理的主要工作内容，引导用户按照优化的人力资源管理流程进行每一步操作。尽量在一个界面显示所有相关信息，并操作所有功能，使信息集成度高，减少大量对弹出式对话框的烦琐操作。

3. 网络功能与自助服务

能提供异地、多级、分层的数据管理功能，日常管理不受地理位置限制，可在任何联网计算机上经身份验证后进行操作。

为员工与管理者提供基于 Web 的企业内部网络应用，允许员工在线查看企业规章制度、组织结构、重要人员信息、内部招聘信息、个人当月薪资及薪资历史、个人福利累计、个人考勤休假等；注册内部培训课程、提交请假、休假申请，更改个人数据，与人力资源部门进行电子方式的沟通；允许主管人员在授权范围内在线查看所有下属员工的人事信息，更改员工的考勤信息，审批员工的培训、请假、休假等申请，并能在线对员工进行绩效管理；高层管理者可以在线查看人力资源配置情况、人力资源成本变动情况、组织绩效、员工绩效等各种与人力资源相关的重要信息。

4. 开放性

提供功能强大的数据接口，轻松实现各种数据的导入导出及与外部系统的无缝连接。便于引入各类 Office 文档，并存储到数据库中，规范人力资源文档的管理，并增加文档的安全性。能够支持所有主流关系型数据库管理系统及各种类型的文档处理系统。

5. 灵活性

可方便地根据用户需求进行功能改造，更改界面数据项的显示。具有强大的查询功能，可灵活设置众多条件进行组合查询。支持中英文或其他语种实时动态切换。

6. 智能化

系统的自动邮件功能，可直接批量通过 E-mail 发送信息给相关人员，如通知被录用人员、给员工的加密工资单等，极大地降低管理人员的行政事务工作强度。系统设置大量的提醒功能，以便用户定时操作，如员工合同到期、员工生日等，使人力资源管理变被动为主动，有效地提高员工对人力资源工作的满意度。

7. 强大的报表、图形输出功能

提供强大的报表制作与管理工具，用户可直接、快速设计各种所需报表，并能随时进行设计更改。报表可输出到打印机、Excel 文件或 TXT 文本文件。提供完善的图形统计分析功能（如：条形图、圆瓣图、折线图等），输出的统计图形可直接导入 MS Office 文档中，快速形成人力资源工作分析报告。

8. 系统安全

对数据库进行加密，进行严格的权限管理，设定用户对系统不同模块、子模块乃至数据项的不同级别操作权限。建立数据定期备份机制并提供数据灾难恢复功能；建立日志文件，跟踪记录用户对系统每一次操作的详细情况。

## （四）人力资源管理信息系统开发的条件

人力资源管理信息系统的开发及运行能够产生巨大的社会经济效益，但是必须具备一定的前提条件；否则不仅不能获益，反而会造成人力、财力、物力和时间的浪费。一般来说，开发人力资源管理信息系统应具备以下四个基本条件：

1. 管理基础坚实

人力资源管理信息系统应建立在科学管理的基础上。可以说，系统的开发过程就是管理思想和管理方法变革的过程。只有在合理的管理体制、完善的规章制度、稳定的工作秩序及科学的管理方法的基础上，完善人力资源管理运作体系，实现工作规范化、系统化，系统的功能作用才有可能充分发挥。

2. 领导重视

人力资源管理信息系统开发是一项复杂的系统工程，涉及统一数据编码、统一表格形式等多项协调工作，不能仅仅依靠专门技术人员单独实现。从某种程度上来说，领导的重视程度可以直接决定人力资源管理信息系统的应用效果，因为在管理信息系统开发与应用的各个时期，对于资源投入、总体规划等全局性的重大问题，需要领导决策。领导要了解人力资源管理信息系统的优势，熟悉计算机基础知识和系统基本操作，重视并积极参与系统开发工作。

3. 相关人员积极参与

要明确规定系统开发相关人员的职责，协调相互之间的关系，充分发挥系统开发人员的作用。

系统开发相关人员要履行自己的职责，积极参与开发。方案设计人员，要具有非常好的计算机技术，熟悉自动化流程业务，负责整个项目的需求分析、方案论证和实施方案的设计。项目实施人员，负责整个系统的开发、测试和安装，保证系统实施过程中的质量，并定期将进展情况向其他人员通报。技术服务人员的主要职责是用户的操作指导和培训，做好技术支持。资料员，负责提供和保管在系统开发实施过程中需要的各种数据和产生的各种文档。

业务人员主动配合对人力资源管理信息系统的开发与应用同样具有重要作用。在系统开发阶段，需要他们介绍业务、提供数据和信息；在系统建成之后，他们是主要的操作者和使用者。因此，他们的业务水平、工作习惯和对系统的关注与参与程度，将直接影响系统的使用效果和生命力。所以，要充分调动业务人员的积极性，使其能够很好地配合，主动参与系统的使用和部分开发工作。

4. 紧密结合实际

进行人力资源管理信息系统的开发，要做客观而充分的评估，了解人力资源管理的现状，做出系统的预算，决定是否需要引入管理咨询，确定实施系统的范围与边界。既考虑满足当前人力资源管理的需求，又设法确保系统为人力资源管理层次的提升带来帮助。要从实际情况出发，不盲目地贪大求全，准确定位，寻找到合适的解决方案。在功能层面上，根据人力资源管理的实际情况，规划实际有效的、能够产生价值的功能模块，比如招聘、培训发展、薪酬、沟通渠道、绩效管理、福利管理、时间管理、自助服务等。要具备完整的系统运行环境，如服务器、硬件设备、用户服务支持、数据处理和管理、流程控制等。

5. 高水平的专业技术团队

人力资源管理信息系统的开发和运行必须有一支具备合理结构的专业技术人员队伍。队伍的组成包括以下几类人员：系统分析员，主要进行系统开发的可行性研究，做好调查研究，对系统目标、系统功能、系统的效益预测、资金预算、开发步骤与开发方法等进行分析；系统设计员，是系统的具体执行者和组织者，既要懂管理知识、计算机硬件软件知识和经济管理知识，又要具有系统开发实践经验和组织能力，其主要任务是系统功能设计、数据库设计、系统设备配置安排、系统输入与输出设计、代码设计等；数据员，主要负责与业务人员一起收集、整理和输入数据；程序员，既要了解管理业务，又要具有程序编程设计能力。

## 二、人力资源管理信息系统的建立过程

随着信息技术与管理现代化的发展，人们越来越意识到人力资源管理信息系统的重要

性，运用各种信息技术建立人力资源管理信息系统。完善的人力资源管理信息系统的建立，具有很强的阶段性。应该根据单位一定时期的规模、发展速度、业务范围和地域及信息化水平，针对各个阶段的特点，确定开发目标，明确各个阶段的主要任务，选择合适的人力资源管理信息系统及其实现形式，建立目标明确的人力资源管理信息系统。

## （一）系统规划

系统规划阶段的主要任务是，明确系统开发的目的，进行初步的调查，通过可行性研究，确定系统的逻辑方案。

1. 明确系统创建的目的

根据组织发展战略及现有规模，针对管理的需求，明确系统建立的目的，弄清系统要解决的问题。要对系统进行规划，做好各种人力资源信息的设计和处理方案，确定系统发展的时间安排，建立系统管理的各项规章制度，使管理人员和员工了解人力资源管理信息系统的含义、用途和作用，明确系统目标。

2. 进行系统的调查分析

通过对管理现状的初步调查研究，重点加以分析，深入、全面地了解业务情况。认识人力资源管理的发展方向和优先次序，找准人力资源管理工作的瓶颈，确定系统的目标和可能涉及的变量，决定人力资源管理信息系统计划的范围和重点。

3. 建立人力资源管理信息系统逻辑模型

分析组织结构及功能，将业务流程与数据流程抽象化，通过对功能数据的分析，建立人力资源管理信息系统的运行模型，制订员工关系管理和人力资源服务模型电子化的目标、策略和实施计划，争取管理层的支持，力争获得资金和其他资源的支持。

## （二）系统设计

系统设计阶段的主要任务是确定系统的总体设计方案，划分系统功能，确定共享数据的组织，进行具体详细的设计。系统设计要立足于操作简单、实用，并能真正解决实际的业务问题。

要分析现有的信息，为人力资源管理信息系统提供有效的数据。确定系统中数据的要求、系统最终的数据库内容和编码结构，说明用于产生和更新数据的文件保存和计算过程，规定人力资源信息的格式和处理要求，决定系统技术档案的结构、形式和内容要求，确定人力资源信息系统与其他智能系统的接口的技术要求，等等。

进行系统设计要优化人力资源管理流程。了解用户的使用体验,明确系统的功能和技术需求,设计功能模块,构建薪酬管理、绩效管理、招聘、培训、人力资源评估、福利管理和不同用户的人力资源自我服务功能,为人力资源管理搭建一个标准化、规范化、网络化的工作平台。通过集中式的信息库、自动处理信息、员工自助服务、外协及服务共享,达到降低成本、提高效率、改进服务方式的目的。必须考虑人力资源管理信息系统的经济、技术操作的可行性,分析软件硬件的选择及配备、系统方案设计的合理性,分析人员组成与素质、人工成本,从成本和收益等方面考察方案的科学性。要建立各种责任制度,通过专家与领导对系统进行评审。

## (三) 系统实施

系统实施阶段的主要任务是执行设计方案,调试系统模块,进行系统运行所需数据的准备,对相关人员进行培训。

### 1. 配置软硬件

购置硬件要注意选型。员工人数较少的单位可自行开发软件,开发的软件应尽量简单、易用;人数较多,则适宜外购软件或请专家帮助开发。信息时代,人力资源管理从思想到行动都在发生巨大的变化,正在变革中的人力资源管理要求软件能够以不变应万变,适应发展变化的需要,解决软件的灵活与操作的简单之间的矛盾,使软件具有生命力。

### 2. 保障系统的安全

由于现行的人力资源管理信息系统受到网络技术的制约,而系统安全问题就显得尤为重要。要采取切实的措施,保证系统内有关员工隐私和保密的数据,免受无访问权限的人获取和篡改。此外,人力资源管理部门对员工绩效评估程序及薪酬计划的制订等内部机密,也应当得到有效的保护。

### 3. 系统的日常运行与维护

系统达到可行性分析提出的各项要求,并通过验收后,就可以进入日常运行和维护。系统的日常运行与维护涉及业务部门、人力资源部门和技术部门。业务部门进行日常数据输入,用指标、表格及模型把相关数据进行整合,提出新的信息需求,开展授权范围内的信息处理、查询、决策支持服务,对系统运行提出评价和建议。人力资源部门进行数据使用与更新,根据各部门人力资源配置的新需求,整合信息,进行人力资源管理与决策支持。技术部门进行日常运行的管理与维护,对系统进行修改、补充、评价及检查。

人力资源管理信息系统投入使用后,日常运行和维护的管理工作相当重要。系统的实际使用效果，不仅取决于系统的开发设计水平，还取决于系统维护人员的素质和系统运行维护工作的水平。

要对计算机的硬件、软件系统进行检查，对系统的使用环境进行评估，确定输入—输出条件要求、运行次数和处理量，提供有关实际处理量、对操作过程的要求，以及使用者的教育情况的信息，对人力资源管理信息系统的输入进行控制。

4. 对相关人员进行培训

实现人力资源管理信息系统的良性运行，需要对相关人员进行培训，特别是对人力资源管理者进行培训。既要对人力资源管理人员进行系统应用和简单维护的培训，又要对有机会接触系统的员工进行系统操作方法的培训。培训必须以授权访问系统权限的高低来加以区别。

系统管理人员负责整个系统的运行维护和日常操作指导，其培训的基本内容是：系统的设计方案、系统的安装调试和运行数据的组织、信息环境的配置、基础数据的定义、系统安全和备份、系统运行维护、系统常见问题的解决。

对于一般用户的培训内容主要是：人力资源管理信息系统的基本理论、各模块功能的基本操作、常见问题的处理。

## （四）系统评价

系统评价阶段的主要任务是针对系统日常运行管理的情况，实施推广和综合评估，从而进行信息反馈和系统改进。系统评价主要包括以下四个方面的内容：

第一，系统运行一般情况的评价。分析系统的运行效率、资源利用率及系统管理人员利用率情况，判断对系统的管理、服务改进的空间，评估各项业务需求是否按照高质量、高效率完成，最终用户是否对系统满意。

第二，技术应用情况评价。对系统应用、技术支持和维护进行评估，分析系统的数据传递与加工速度是否协调，系统信息是否能够满足信息需求，外围设备利用率、系统负荷是否均匀，系统响应时间是否符合要求。

第三，效果评价。对系统的整体效果进行评估，分析提供信息的数量、质量是否达到要求，是否及时、准确地根据需求提供信息服务，提供的信息报表、管理参数的利用率及对管理决策的支持效果。

第四，经济评价。对运行费用和效果进行检查审核，评估系统的运行费用是否在预算控制范围内，考虑实施系统后带来的收益和成本比。

系统评价的目的是健全和完善人力资源管理信息系统。应该根据评价结果，对系统的某些方面进行改进、调整，开发新的功能和流程。要根据系统的需要，确定有关管理部门和管理人员对信息的特殊要求。对与人力资源管理信息系统有关的单位，提出保证系统信息安全的建议，不断优化人力资源管理信息系统流程，使人力资源管理信息系统充分发挥效能。

## 第四节 人力资源管理信息系统的应用效果与风险控制

随着信息技术的逐步发展及企业普遍提高对信息化的要求，人力资源管理中孤立的、单一的信息化状态已经无法满足现代企业的需求，特别是对那些分支机构广泛分布的集团企业来说更是如此，人力资源管理中采用的信息化已满足不了人力资源发展的需要，主要原因就在于采用的信息化技术的落后。企业的高层管理者常因为无法及时了解人力资源管理的最新状况而感到苦恼。为此网络技术引起了人们的广泛关注，很多企业寄望于用网络技术来改变人力资源管理中的不足。让信息开始流畅是网络技术的一大优势，这对于企业管理系统来说是至关重要的。所以网络化渐渐成为信息化系统的主要应用技术，当然也包括人力资源管理采用的信息化，于是在网络上产生了大量的人力资源管理系统。在人力资源管理中专业人员使用网络上的信息化系统时，一般不会感到网络有多么重要，是因为这种更能满足人们工作生活需要的应用方式可以尽快让人们适应并感受不到其重要性。但这种网络信息化技术确实给人力资源管理带来了一次革命，不仅仅是单纯地更新技术。

### 一、人力资源管理信息系统的应用效果

#### （一）全面人力资源管理

企业人力资源管理系统是一种适合多种人力资源管理解决方案的开放式平台：由用户自行定义多种信息数据项目；实现业务流程自定义与重组；管理工具以组件的形式灵活组配；通过战略模块控制不同层次的业务活动。通过提供人力资源管理的全员参与平台，使人力资源管理工作从高层管理者的战略设定、方向指导，到人力资源管理部门的规划完善，再到中层经理的参与实施，最终到基层员工的自主管理，形成一个统一立体的管理体系。

#### （二）业务模式清晰，界面友好灵活

企业人力资源管理系统为一般员工、直线经理和人力资源管理者等提供个性化的人力

资源管理业务操作窗口，以事件和流程为中心规划业务进程，使琐碎的业务活动变得清晰明了。针对每个操作员，该系统都能够定义其菜单的组织方式与个性化的名称，并且能够集成其他系统的应用，为每个操作员提供一体化、个性化的操作环境与应用平台。

### （三）系统开放，转换灵活

企业人力资源管理系统通过客户化平台，提供各种不同系统接口实现系统的开放和灵活，提供包括 Word、Excel、TXT、DBF 等不同格式的数据导入导出接口，方便与不同格式数据的灵活转换。

### （四）强大的查询、统计和分析功能

企业人力资源管理系统提供查询模板、查询引擎、数据加工厂、查询统计、报表工具等不同的查询、统计、分析工具，同时，根据规则进行结构分析、变化趋势分析等工作，实现强大的数据组合分析功能，实现决策支持。

### （五）辅助支持功能

企业人力资源管理系统在"政策制度管理"中，提供对国家和地方的政策法规等的分类检索和管理维护，给员工和人力资源管理者提供辅助支持，实现人力资源管理透明化。

### （六）信息共享，灵活对接

作为企业信息系统的核心平台，通过可扩展平台实现人力资源管理系统与其他相关系统的对接，外部系统人力资源数据的共享，以及随着信息化发展存在的复杂的系统对接，从根本上扭转了相对独立的各系统之间信息无法共享的弊端。同时，所有信息由专人进行维护，并通过制定相应的信息浏览、调用和修改权限，保证系统相应的子模块信息只能在权限范围内被正确使用，从而实现信息的及时、准确、安全。

### （七）纵向管理，高效便捷

通过开发人力资源管理系统，逐步实现企业人力资源管理上下一条主线，充分发挥企业人力资源部门与各分子公司人力资源部门工作的指导、协调和沟通作用。

## 二、人力资源管理信息系统建设的风险控制建议

第一，项目组织保证。信息化人力资源管理建设工作是一项多方参与、共同完成的项

目，为了保障项目规范化运作，需要设置相适应的组织机构，进行合理的人员分配，建立有效的沟通机制。

第二，项目制度建设。信息化人力资源管理的信息存在安全性和保密性高的特点，需要建立一整套相关制度，如系统管理部门、运行范围界定、操作人员等级权限划分、安全操作注意事项、违纪违规处理等。严格按运行规则操作，保障系统安全稳定。

第三，培训工作。培训工作主要分为计算机网络技术和人力资源管理业务。按员工职能和工作授权的不同，有针对性地安排不同内容的培训，保障信息化人力资源管理系统的正常运转。

第四，预算控制。信息化人力资源管理建设的预算主要包括硬件、软件和实施三个方面。在项目规划之初，做好预算管理工作，明确项目推进过程中各阶段的费用，并严格按照预算管理。

信息化人力资源管理建设是个复杂的管理过程，所以应从组织建设、规章制度、培训教育、财务控制等多方面进行持续性的保障与监管。

## 三、加强人力资源管理信息化建设的必要性

### （一）为企业管理提供科学的计划决策

人力资源管理信息系统最大的优势就是能够准确提供数据，推测出未来事件，为管理活动提供基本依据，从而制订正确的行动方案。一是准确预测；二是传输数据快，能够准确获得及存取；三是优化计划；四是强大的统计分析功能。总之，人力资源管理信息系统的使用，便于企业部门与部门之间、员工之间的沟通，同时，也便于信息的传输，获得的各种数据而有利于领导做决策，为企业提高效益。

### （二）优化企业管理的组织职能

人力资源信息系统的开发应用是提高效率、组织规范管理的契机。人力资源管理信息系统作为一种先进的管理思想载体，在运行的过程中必然会引发企业业务流程的重组和管理机制的变革，相应地，它对企业相应业务和组织机构都有一定的要求。

### （三）促进企业领导职能的发挥

作为一名领导，在工作中他的职能主要是对工作对象的行为进行发令、调度、检查。领导在管理的过程中要注意协调性，和同事间建立一定的配合关系，确保工作的有序进

行，为企业发展做好准备。人力资源管理信息化系统的建立，领导可以通过网络和运行计算机网络上的应用系统与分公司建立联系，便于对跨地域分公司进行管理，了解公司当前的运营情况。所以，管理信息化有助于领导全面掌握公司动态，同时，也能加强内部沟通，信息的传递及便于及时准确地处理问题，使领导职能最大限度地得到发挥。

## 四、人力资源管理开展信息化的趋势

### （一）为员工提供利用技术的机会

企业需要继续不断地创新人力资源管理系统，以便让他们能有更多的机会与网络连接，不管它们是在何时何地，都能够轻松方便地进入人力资源管理平台和企业信息系统。

### （二）虚拟办公的使用效率提高

将更加深入地推广网络会议、在线会议、电视电话会议等虚拟办公方式，以便企业密切关注目前的生存力，现代企业管理中严格控制办公成本，而这些虚拟的办公方式将会降低成本，并为企业创造收益，同样也会带来时间管理、员工安全方面的收益。

### （三）对系统的协调性、集成性引起重视

人力资源管理部为了能让信息化系统达到企业的各项要求，就必须认真、仔细地选择其信息系统所使用的具体技术，并且将认真检查其他解决方案能否与系统供应商提供的相关服务捆绑在一起。因此，在选择 eHR 系统时其他解决方案与供应商提供的相关服务集成的容易性是关键因素。从企业整个经营角度出发，人力资源部选择各项技术要谨慎，并且要充分考虑供应商的相关服务能力。

可见，当前最重要的趋势还是创新和应用人力资源管理开展信息化的技术，但对此企业会保持谨慎的态度。在以后投资当前人力资源管理开展信息化所使用的技术会优先于购买、使用新技术或是实施新系统。

人力资源各级管理者及相关人员缺乏应有的素质有可能是影响人力资源管理开展信息化的一大障碍，所以对其信息化团队力量的建设不容忽视。其一，要提高相关人员的专业技能和知识。现代人力资源管理与以往的人事管理比较，更多地引进了先进的技术、管理方法和理念。当今信息化时代给企业提出了更高的要求，需要不断地对从事人力资源工作的相关人员加强培训，使其尽快具备现代人力资源管理理念，掌握必要的技术方法，并且让它们清楚地意识到人力资源管理开展信息化并不是使用计算机进行人事管理。所以，人

力资源管理者必须从战略高度出发，充分认识引进培养相关人才的重要性，特别要做好培养、储备信息化人才工作，将培养、用好和留住人才当作一项战略性任务来完成，努力创建一个尊重知识、技术和人才的企业文化氛围。构建一套比较完善健全的综合型信息化人才激励、约束和选拔聘用机制，以便适应人力资源管理发展需求。其二，在计算机运用方面，从事人力资源工作的相关人员需要提高其操作能力。传统的工作流程和方式在人力资源管理开展信息化中发生改变，由计算机来完成大量工作，所以要对相关人员操作计算机的能力进行加强培训，使其熟练操作，并且能自行解决遇到的简单问题。

# 参考文献

[1] 杨园.当代人力资源管理创新实践研究[M].北京:北京工业大学出版社,2023.

[2] 史丽杰,薛文河,张运法.人力资源管理建设发展与创新研究[M].北京:现代出版社,2023.

[3] 宋晓芬,檀迎娟,王军胜.人力资源管理探索与实践[M].哈尔滨:哈尔滨出版社,2023.

[4] 李华林,林秋雨,冯卓.人力资源管理与经济发展[M].哈尔滨:哈尔滨出版社,2023.

[5] 何筠,杨戈宁,吴晓红.人力资源管理理论与实务[M].北京:科学出版社,2023.

[6] 李贵卿.人力资源管理概论[M].北京:科学出版社,2023.

[7] 韩平.创业企业人力资源管理[M].西安:西安交通大学出版社,2023.

[8] 刘书生,陈莹,王美佳.人力资源管理数据分析[M].北京:中国商业出版社,2023.

[9] 郗亚坤,郭远红.人力资源管理基础[M].沈阳:东北财经大学出版社,2023.

[10] 姚红,解松强,卢丽霞.人力资源管理实务[M].延吉:延边大学出版社,2023.

[11] 梅蒙,赵慧敏,范玥.人力资源管理实务[M].上海:上海交通大学出版社,2023.

[12] 赵滨,李琳,李新龙.经济管理与人力资源管理研究[M].北京:中国商务出版社,2023.

[13] 林绍珍.人力资源管理[M].北京:经济管理出版社,2023.

[14] 傅小龙,李集城,彭佳慧.人力资源管理[M].北京:清华大学出版社,2023.

[15] 奚昕.人力资源管理[M].合肥:安徽大学出版社,2023.

[16] 徐笑君.人力资源管理[M].上海:复旦大学出版社,2023.

[17] 张玲,孙欣.人力资源管理[M].北京:清华大学出版社,2023.

[18] 张岚著,王天阳.企业高绩效人力资源管理研究[M].长春:吉林文史出版社,2022.

[19] 钱玉竺.现代企业人力资源管理理论与创新发展研究[M].广州:广东人民出版社,2022.

[20] 焦艳芳.人力资源管理理论研究与大数据应用[M].北京:北京工业大学出版社,2022.

[21] 范围,白永亮.人力资源服务业管理理论与实务[M].北京:北京首都经济贸易大学出版社,2022.

[22] 刘俊宏,刘慧玲.人力资源管理[M].成都:西南财经大学出版社,2022.

[23] 徐大丰,范文锋,牛海燕.人力资源管理信息系统[M].北京:首都经济贸易大学出版社,2022.

[24]傅青.人力资源管理及实务[M].长春:吉林出版集团股份有限公司,2022.

[25]夏浩,李敏,马子裕.人力资源管理信息系统项目管理[M].北京:冶金工业出版社,2022.

[26]郑强国,梁月,吴青梅.人力资源管理[M].2版.北京:清华大学出版社,2022.

[27]李贺.人力资源管理[M].3版.上海:上海财经大学出版社,2022.

[28]张洪峰.现代人力资源管理模式与创新研究[M].延吉:延边大学出版社,2022.

[29]杨光瑶.人力资源管理高效工作法[M].北京:中国铁道出版社,2022.

[30]冯拾松,李菁羚.人力资源管理与开发[M].4版.北京:高等教育出版社,2022.

[31]彭良平.人力资源管理[M].武汉:湖北科学技术出版社,2021.

[32]彭剑锋.人力资源管理概论[M].3版.上海:复旦大学出版社,2021.

[33]金艳青.人力资源管理与服务研究[M].长春:吉林人民出版社,2021.